Elias Johannes Benedikt

Was ist die Seele?
- Betrachtungen zum Wesenskern
des Menschen

Elias Johannes Benedikt

Was ist die Seele?

- Betrachtungen zum Wesenskern des Menschen

© 2020 Elias Johannes Benedikt
Illustration: Elias Johannes Benedikt
Herstellung und Verlag: BoD – Books on Demand, Norderstedt
ISBN: 978-3-75343-9068

Wer seinen Liebsten erkannt,
und um seinetwillen sich selbst und das Leben
und alles was er hat und begehrt
hat hingegeben,
den umfaßt die Liebe
und macht ihn sich gleich
und hebt ihn empor in heiliger Einung
mit dem Geliebten...

Was ist die Seele – Betrachtungen zum Wesenskern des Menschen

Vorwort

Das Buch, das Sie in Händen halten, ist eine Notwendigkeit unserer Zeit. Die wenigsten Menschen wissen heute mit dem Begriff „Seele" etwas anzufangen. Die althergebrachten religiösen Vorstellungen und Dogmen sind uns heute entweder zu einfältig oder zu abwegig, als daß sie uns helfen könnten, unser Gefühls- und Innenleben, ja das, was uns als Menschen ausmacht, besser zu verstehen.

Betrachten wir auf der anderen Seite, was uns die aktuelle Forschung und Wissenschaft dazu sagt, indem wir uns einen Überblick der neueren Literatur verschaffen, so finden wir vorwiegend neurophysiologische Abhandlungen, die die Qualitäten und Äußerungen dessen, was sie als seelisch bezeichnen, in den neuro-endokrinen Prozessen unseres Nervensystems suchen.

Auch die moderne Psychologie, die sich in ihren Theorien eher auf die Physiologie (des Gehirns) stützt, hat nur eine sehr vage und unklare Vorstellung vom Begriff der Seele.

So bemerken wir bald, daß uns beides in unserer Suche nach uns selbst und dem Verständnis unseres Innenlebens nicht weiterzubringen vermag. Dennoch oder vielleicht gerade deswegen zeigt sich, daß immer mehr suchende und erwachende Menschen sich diese Frage stellen: Wer bin ich? Was ist die Seele? Was ist ihr Wesen?

Dieses Buch ist nun das Ergebnis mehrerer Jahrzehnte persönlicher Forschung, Introspektion, innerer Führung, spiritueller Heilarbeit, philosophischen Denkens und Schauens und als solches ursprünglich ein Teil eines größeren Gesamtwerkes zum Thema „Sein und Erkenntnis".

Die nachfolgenden Ausführungen wirken aus der Sicht der üblichen Auffassungen zu diesem Thema wahrscheinlich erst einmal befremdend. Ich bin aber überzeugt, daß der Leser, wenn er bei sich ist und den Gedankengängen folgt, vieles unmittelbar einleuchtend und nachvollziehbar finden wird, bei manchem aber länger verweilen und in sich gehen muß, um sich ein eigenständiges Urteil zu bilden. Obwohl sich der Autor in seinen Erfahrungen und Einsichten sowohl den antiken Philosophen – insbesondere Heraklit, Plato, Plotin und der Stoa – wie auch den Meistern der Vergangenheit und Gegenwart in Ost und West verwandt und verbunden fühlt, gründet das Buch in seiner Betrachtung ganz ursprünglich auf der eigenen authentischen Erfahrung. (Literatur zur Ideengeschichte des Seelenbegriffs bzw. zum Forschungsstand der philosophischen und religiösen Seelenvorstellungen findet der Leser am Ende des Buches) Insofern als es in einer Zeit völlig neuer innerer Ausrichtung und Suche der Menschen wie auch einer sich rasch wandelnden und fortschreitenden kosmischen Entwicklung des Bewußtseins in der geistigen Welt entstanden ist, sucht es diesen umfassenden Veränderungen rundum Rechnung zu tragen.

Verpflichtet fühlt sich der Autor der exzellenten Aufbereitung der Betrachtungen Plotins zu dem Thema „Seele" in verschiedenen Schriften von Jens Halfwassen, die vor allem im letzten Teil des Buches zu Wort kommen.

Insgesamt bringt das Buch somit eine rundum recht neue Sicht und Betrachtung des Wesens der Seele, ihrer Qualitäten, ihrer Ausdrucksformen, ihres Lebens, ihrer Beziehung zu Gott, Welt und sich selbst und vor allem des sich aus ihrem Urgrund entfalten wollenden unermesslichen Potentials zum Ausdruck.

Obwohl der Gang der Betrachtung und Darlegung der Seele und des Seelischen grundsätzlich auf einem zumindest elementaren Zugang zu dem Prinzip des Einen, des reinen Geistes und des Bewußtseins, aus dem die Seele stammt, gründet und aufzubauen ist, habe ich hier auf eine extensive Erörterung dieser Themen verzichtet. (Siehe dazu die Literaturangaben am Ende des Buches) Ich möchte mich vielmehr in einer kurzen Einleitung darauf beschränken, den Begriff des Geistes, wie er hier gebraucht wird, in seinen Grundzügen, soweit es für das Verständnis der Seele unentbehrlich ist, zu erhellen.

Ich lade den Leser hiermit ein, sich bei dem Studium der Schrift auf eine Reise nach innen zu begeben, und damit die Höhen, Tiefen und Weiten des eigenen Selbst in sich zu erforschen.

1. Der Grund und Ursprung allen Seins, der Welt und des Lebens

Bevor ich auf die Seele eingehe, ist es nötig, einige einfache für ihr Verständnis wesentliche Voraussetzungen und Begriffe darzulegen. Das sind vor allem die Begriffe des Geistes, des Bewußtseins, der Welt der Ideen, der energetischen Substanz und des Logos.

Alles, was ist, ist Sein und Bewußtsein, Substanz und Energie. Dabei bildet das Bewußtsein die erste und oberste Voraussetzung für alles, was sagbar, erfahrbar, und stofflich manifest ist. Denn, alles, was ist, ist im Bewußtsein. Sein setzt Bewußtsein voraus, denn nichts, das ist oder sein kann, ist außerhalb des Bewußtseins. Das Bewußtsein ist die Existenzbedingung für alles Seiende. Es bildet das Licht unserer Wahrnehmung und unserer Erkenntnis.

Wie alles, hat auch die Seele einen Ursprung und dieser Ursprung ist der absolute Geist bzw. das universelle Bewußtsein. Bewußtsein ist das All und alles durchdringende Licht, an dem du und ich und alle lebenden Wesen Teil haben und vermittels dessen wir wahrnehmen, erkennen, denken und unserer selbst sowie der Dinge um uns aber auch der Empfindungen, Gedanken und Gefühlsregungen in uns bewußt sind.

Die alten Weisen des Abend- wie auch des Morgenlandes haben dieses universelle, alldurchdringende und allumfassende Licht und Bewußtsein den absoluten Geist oder Gott genannt. Die Griechen sprechen vom Nous, die Inder von Brahman oder Sat-chit-ananda und die Chinesen nennen es Jingshen. Dieser universelle überpersönliche Geist, der absolut unbegrenzt, ewig und von seiner Substanz her Licht und Liebe ist, verfügt über ein unendliches Repertoire von intelligiblen (unsichtbaren) Urqualitäten und Kräften, die die Philosophen die reinen Eide (Urbilder) und Ideen nannten. Neben diesem allumfassenden absoluten Geist, der wie ein physikalisches Feld den gesamten Raum des Universums erfüllt und umspannt, gibt es eine in ihm begründete schöpferische Urkraft oder reine Energie, die den Hervorgang aller geschaffenen Wesen und Dinge, die das Universum bevölkern, aus ihrem Ursprung im Geiste erst bewirkt. Diese schöpferische Urkraft, die zugleich intelligenz-begabt und ordnungsschaffend ist, nenne ich in der Gefolgschaft von Heraklit und Plato den Logos.

Als Logos bezeichnen wir in der Folge jene schöpferische Kraft des absoluten Geistes oder Gottes, die die ihm immanenten Eide und Ideen zur Manifestation und Entfaltung in Raum und Zeit bringt. Er hat seine Wurzel im Einen, umfaßt alle dem Geiste immanenten Prinzipien und Qualitäten, bewegt und erhält alles, was Sein und Leben hat und ist zugleich höchste Vernunft und Ordnung schaffen-des Prinzip. Er ist also die eine, alles verursachende, intelligenzbe-gabte, Licht und Leben stiftende Kraft, die den gesamten Kosmos durchwaltet und vom höchsten Einen bis in die kleinsten Dinge und Elemente der materiellen Welt reicht, sie ewig umfaßt und mit ihrem Ursprung verbindet.

Der Logos ist damit die eine schöpferische Urkraft des absoluten Geistes, sowie die Wirkkraft seiner göttlichen Intelligenz. Der ei-gentliche Anfang aller geschaffenen Wesen und Dinge aber ist der Geist. Er ist es, der alles, was er erschaffen hat, durchdringt, nährt, belebt und vermittels des Logos zu seiner letztendlichen Bestim-mung führt.

Es gibt nur einen Geist. Er wohnt in allen Dingen und umfaßt All und alles. In allem, wohnt und wirkt der unbegrenzte und unteilbare Geist Gottes. Der Geist ist ein allumfassendes Ganzes, ewig und ohne Grenzen, in sich ununterschieden und ungebrochen. Er umfaßt alle Vielfalt und jedes Individuum. Es gibt nichts, wo bzw. worin kein Geist wäre. Er durchdringt sowohl die ätherischen Welten wie auch die Materie.

Die oberste Wurzel und der absolute Ursprung dieser höchsten schöpferischen Kraft des Logos, der weit über der Welt der Erschei-nungen, und auch über dem allumfassenden Geist liegt, bildet das absolute alltranszendente Eine. Es verkörpert den obersten absolut anfanglosen und unerschöpflichen Urquell, aus dem in absteigender Folge alle Kräfte, Qualitäten, Welten, Wesen und Dinge hervorge-hen, die in Raum und Zeit in Erscheinung treten.

Der absolute Geist ist ein Ozean des Lichtes, der jenem höchsten Quell entspringt und jenen als strahlende Aura umgibt. Jener steht zum Geiste in einem ähnlichen Verhältnis wie die Sonne zu den sie umgebenden Strahlen.

Das Wesen des Geistes ist Gewahrsein, Schauen und Erkennen. Es ist sein ewiger Rückbezug und sein Hinblicken auf das Eine als seinen Ursprung, in dem er sich mit den sich darin manifestierenden Kräften, Qualitäten und Vollkommenheiten erfüllt. Sie sind sodann in ihm und sie sind es, die ihn qualifizieren.

Der Geist ist damit nicht leeres Sein oder Bewußtsein, sondern eine mit der Fülle aller möglichen Urqualitäten des Seins und Bewußtseins – eben den Eiden und Ideen, Kräften und Energien – erfüllte allumfassende Ursubstanz (ousia). Eidos und Idee sind auf Plato zurückgehende Bezeichnungen für die obersten Urqualitäten und Urbilder, die den absoluten Geist als Anblicke des Einen erfüllen und qualifizieren und der Welt der Erscheinungen zugrunde liegen. Sie sind also nicht nur die Urqualitäten, die den Geist seinem Wesen nach bestimmen, sondern darüber hinaus zugleich die im Logos umfaßten dynamischen Kräfte und transzendentalen Samen und Ursprünge aller möglichen und wirklichen Wesen und Dinge sowohl der fein- wie auch der grobstofflichen Welten, die schließlich aus ihm hervorgehen.

Der absolute Geist ist Licht und zugleich Gewahrsein des Lichtes. Sein Leben und seine Dynamis besteht im Sich-Erfüllen und in dem ewigen Streben, die ihm aus der Hinschau auf das Eine einwohnende unbegrenzte Fülle ihrem Sein und Wesen nach zu erfassen. Das geschieht, indem er diese ihn erfüllenden Eide und Ideen nach außen setzt, um sich darin in objektivierbarer Form beschauen bzw. in den geoffenbarten Formen und Dingen sein unoffenbartes Wesen erkennen und darin in Besitz nehmen zu können. Das ist der Grund und Ursprung der Produktivität des Geistes – ewig Neues aus sich hervorzubringen und sich darin anzuschauen und in Besitz zu nehmen.

Es ist also ein Quell und eine Energie, die all das, was diesseits und jenseits unseres Bewußtseinshorizontes in Erscheinung tritt, hervorbringt. Die diversen (philosophischen und spirituellen) Traditionen sprechen dabei von verschiedenen Welten, Seinsebenen, Entelechien oder Hypostasen. Letztlich ist aber alles eine Energie, die sich absteigend – vom universellen Geiste oder Bewußtsein bis hinunter zur physischen Materie – in diversen Aggregatzuständen manifestiert. Es sind verschiedene Kanäle, durch die sich dieser eine Quell und Ursprung offenbart und zum Ausdruck bringt. Alles Seiende gibt Zeugnis von der unsagbaren Fülle, Würde und Erhabenheit jenes Ursprungs. All die kleinen und scheinbar unbedeutenden Dinge und Ereignisse, die sich in Raum und Zeit offenbaren, sind Spiegelungen des Großen Ganzen, das sowohl in seiner Ganzheit wie auch in seinen unzähligen jenes Ganze differenzierenden Erscheinungsformen das ewige Mysterium unseres Seins und Lebens bildet und alle wirklichen und möglichen Inhalte unseres Lebens und Bewußtseins umfassen.

2. Der Ursprung der Seele im Geiste

Jedes geschaffene Wesen und Individuum, das die drei Sphären der Schöpfung bevölkert, erfährt sich als erstes nicht unmittelbar als Geist, sondern als Seele bzw. Körper. Es ist zuerst seiner Seele bzw. seines Körpers inne und erfährt diese als sein *Ich*. Erst tiefer in sich gehend, erkennt es – in einem Akt des Erwachens – den Geist als seinen eigentlichen Kern und Ursprung, das heißt aber das universelle oder metaphysische Ich als sein wahres Selbst, als *Ich* seines *Ich*.

Obwohl es der Geist ist, der dem Individuum Bewußtheit und Erkenntnis verleiht, ist es die irrige bzw. fälschliche Identifikation mit den Hüllen und Körpern, in die es als das eigentliche Licht gebettet ist, die es für sein Ich bzw. Selbst hält. Die Seele umfaßt und beinhaltet demnach alle Qualitäten, Kräfte und Energien, die das individuelle Selbst ausmachen. Die Erforschung der Seele, ihres Wesens und ihrer Natur bildet damit das A und O der Erforschung, Erkenntnis und Verwirklichung unseres Selbst und Lebens.

Um die Seele zu ergründen, müssen wir zum einen zu ihrem Ursprung, aus dem sie hervorgegangen ist, gehen, zum anderen aber nach innen in uns selbst und betrachten, wie und als was sie sich uns offenbart. Was wir als erstes erkennen ist, daß die Seele unsere Empfindsamkeit, unser Fühlen und unsere Emotion sowie Selbstbewegung und Speicherung all unserer Erfahrungen ist. Sie ist wie ein Wachs, das durch seine Erfahrungen und Entscheidungen geprägt ist. Von der anderen Seite her, zeigt sich uns von Anfang an, daß die Seele ein „Abkömmling" des Geistes ist. Wie der Geist ein Bild des Einen ist, ist die Seele ein Bild des Geistes.

Was aber *ist* die Seele, was *ist* ihr Wesen?

Gehen wir zu ihrer Wurzel und ihrem Ursprung im Geiste zurück, so zeigt sich, daß – ähnlich wie der Geist als einheitliche Fülle des Seins das "Bild des Absoluten" ist, die Seele das Bild des Geistes (εικον νου) ist. Sie ist die erste, wirk- und substanzmächtigste Manifestation bzw. Emanation des Geistes. Und wie die Ursache stets in der Wirkung enthalten ist, so ist es hier der Geist – im Besonderen aber der Logos –, der in der Seele als ihr schöpferisches Prinzip und Licht der Vernunft fortwirkt und ihren dialektischen Charakter wesentlich bestimmt.

Das, was die Seele als Ganzes und ihrem Wesen (und ihrer Natur) nach ist, ist unaussprechlich. Sie ist Mysterium. Was wir benennen und von ihr aussagen können sind gewisse Wesenszüge und Eigenschaften, die sie konstituieren.

Was wir als erstes sagen können ist, daß die Seele eine Wesenheit oder Entität ist, die sowohl geschaffen als auch selbst schöpferisch ist. Als Schöpfung ist sie eine Manifestation des absoluten Geistes, die dieser hervorbringt, um sich darin selbst anzuschauen. Die Seele bildet deshalb die erste dieser, seiner Manifestationen.

Der Seele eigen ist die ουσια (Substanz) der Ideen, das heißt, daß sie selbst vom Wesen der Ideen (bzw. des Seins der Ideen) ist. (Phaedo 66de, 76de, 92de, 185e, 187a) Auch für Plotin ist es die Ideenfülle selbst, die als substantieller Gehalt des Intelligiblen, also des Geistes, auch das Wesen der (Welt-)Seele bildet; als Manifestation des Geistes ist sie (und mit ihr auch der Demiurg) mit der Ideenwelt identisch und schließt nicht nur den gesamten Inhalt dieser sondern auch den der sinnlichen Welt des Universums in sich ein. (En. II 5, 3; III 9, 3; V 1, 3) D. h. die Seele umfaßt in sich sowohl den Kosmos der Ideen- wie auch den der Sinnesgegenstände.

Um den Begriff der ‚Seele' nun eindeutig und einheitlich zu bestimmen, möchte ich sie wie folgt definieren: „Die Seele ist die erste, oberste und einzige allumfassende Manifestation des absoluten Geistes, samt der ihm innewohnenden Totalität der Eide und Ideen; so wie die Ideenfülle in ihm auf ewig immanent ist, ist sie auch in der Seele – da jedoch nur keimhaft – als ewiges Gestaltungsprinzip unauflösbar gegenwärtig."

Von Meister Eckhart stammt das Wort: "Aber die Seele ist ein Saatfeld voller Keime geistigen Lebens."

Als echtes Bild des Geistes ist die Seele grenzenlos – sie hat weder Grenzen in der Zeit noch im Raume. Heraklit ist es, von dem das Wort überliefert ist: „Will ich die Seele mit meinem Geist durchmessen, so finde ich keine Grenze in ihr, so tief liegt ihr Logos (Wesen)." (Heraklit, Fr. 45) Die Seele ist reine Substanz und als solche unendlich ausgedehnt und ohne räumliche Grenze.

Wollen wir das Wesen der Seele bestimmen, so zeigt sie sich ursprünglich als Prinzip des Lebens und der Bewegung. Sie ist erstlich Leben und Selbstbewegung. Erst in ihrer Verkörperung ist sie es, die den Leib, den sie bewohnt auch belebt. Und Leben ist Bewegung.

Der Geist ist ursprünglich Gewahrsein und Erkennen (νοησις). Diese sind die Urformen seiner Bewegung. Die Seele wiederum ist ein Mittleres zwischen Nous (Sein) und Hyle (Nicht-Sein) und bewirkt auch die Vermittlung zwischen beiden (Nous und υλη / χωρα).

Sie – die Allseele oder der Purusha – ist das vermittelnde Prinzip (ein Mittleres) zwischen Ewigkeit und Zeit, zwischen Sein und Nicht-Sein sowie zwischen Ideen- und Sinnenwelt. Überhaupt umfaßt sie in sich beides – Ewigkeit und Zeit, sowie Ideen- und Sinneskosmos.

Die Seele ist energetisch das, was der Geist rein ideell ist. Was im Geiste geistig ist, ist in der Seele energetisch. Die Seele ist ουσια, ενεργεια und δυναμις, Substanz, Potential und Bewegung und ihre Substanz, die ja Energie ist, ist reine göttliche Liebe.

Die Seele ist substantiell reine Energie; sie ist nicht stofflich. Die Seele ist auch nicht (selbst) Bewußtsein, trägt aber in der Gestalt des ihr eingeborenen Geistes bzw. des Logos Bewußtsein in sich. Dieses ist ihr Hegemonikon, ihre leitende Instanz.

Sie bildet den Kern des individuellen Ich-Erlebens. Sie ist nicht selbst Bewußtsein, jedoch können wir sagen, daß Bewußtsein in ihr wohnt. Wie wir sagen, daß die Seele im Körper wohnt so können wir auch sagen, daß der Geist in der Seele wohnt und der Geist bildet ihr Bewußtsein.

Und wie der Geist, aus dem sie hervorgegangen ist, ist auch die Seele Bewegung und Erkenntnis ... Das Erkennen ist stets Rückwendung zum Ursprung ... (als in jeder Erkenntnis von Gestalt und Ordnung das transzendentale Urbild der Ideenwelt hindurchscheint.) Beide sind abgeleitete Formen der Teilhabe an der κινεσις des

Geistes, die Erkennen ist. Die Bewegung des Geistes ist unzeitlich, die der Seele aber zeitlich.

Die Seele ist nicht nur Ursprung der Hyle (und der materiellen Welt) sondern überhaupt die schöpferische Kraft aller materiellen Dinge, von den einfachen Elementen bis hinauf zu den Gestirnen und Galaxien, und damit auch die Vermittlerin der Ideen an die sinnliche Welt. Nichts kann des Nous und seiner Qualitäten (= Ideen) teilhaftig werden ohne die Vermittlung der Seele (Tim. 30 b3).

Obwohl die Seele wesenhaft unverweslich und ewig ist, ist sie doch zugleich durch die Eindrücke ihrer Erfahrungen formbar. Aus der Perspektive der Zeitlichkeit gilt: Die Seele ist unzerstörbar und unsterblich.

Die Seele ist innere Bewegung, Energie und Potenz (dynamis und energeia). Sie ist Selbstbewegung, d. h. sie bewegt sich aus sich selbst und bedarf nicht – wie die materiellen Dinge – des Anstoßes oder der Ursache von außen. Diese ihre innere Bewegung ist durch verschiedene innere Impulse gelenkt; diese Impulse stammen zum einen aus dem absoluten Geist, der in ihr wohnt und ihr Bewußtsein und Erkenntnisvermögen verleiht, zum anderen aber auch aus dem Unbewußten, das einen wesentlichen Aspekt und Teil der Seele selbst ausmacht.

Die Seele ist das, wo alles Erfahrene – von Anbeginn ihrer Inkarnation an bis zum jeweiligen Jetzt - aufgezeichnet und gespeichert wird. Der Geist, das Bewußtsein, ist Erinnerung und Erkenntnis; daher ist die Seele nicht Bewußtsein, wohl aber Erinnern. Alles, was sie erlebt hat, hat sie geprägt und in sich aufgezeichnet. Ihre konkreten Erfahrungen überformen ihre ideelle Gestalt. Insofern ist die Seele – obwohl wesenhaft ewig – phänomenologisch und strukturell zeitlich prägbar.

Meister Eckhart definiert die Seele als einfache Form des Leibes (17, 32), welche, selbst unräumlich und immateriell, den Leib ganz durchdringt und ganz und ungeteilt in allen Teilen des Körpers mit gleicher Kraft wohnt und wirkt (116, 26; 268, 13). Der Leib nun ist aus den vier Elementen gemacht und irdischer Natur, die Seele gehört dem Himmel an; und doch sind sie so unauflöslich verbunden (237, 4). Die Seele ist geschaffen und hat einen zeitlichen Anfang; aber sie ist an sich ohne Materie und über die Zeit erhaben, wie das ihre Tätigkeiten beweisen (631,6; 671,37; 509,23; 412,25). Die Seele ist es, die den Leib belebt und ohne die er kein Leben in sich hat.

Es heißt, daß Plotin lehrte, dass sich die Seele nicht in ihrer Gesamtheit, sondern nur teilweise an einen Körper binde. Sie bewahre nicht nur durch ihre Denkfähigkeit die Verbindung mit dem Nous, sondern ihr höchster Teil verbleibe immer in der geistigen Welt. Durch diesen höchsten Teil habe sie, auch wenn ihr verkörperter Teil durch die Eindrücke der Welt in Mitleidenschaft gezogen ist, ständig Anteil an der ganzen Fülle der geistigen Welt.

Überhaupt ist die Seele als das Prinzip des Lebens selbst Bewegung, Empfinden, Gefühl und Prägsamkeit. Ihr Prinzip ist "Bewegung aus sich selbst"; sie ist das, was sich aus sich selbst bewegt und entfaltet – ohne jeden Anstoß von außen wie etwa bei den körperlichen Dingen (σοματα).

Heraklit hat die Seele – ihrer Natur als Prinzip der Selbstbewegung wegen – als dem Logos wesensverwandt betrachtet: ψυχης εστι λογος εαυτον αυξων. – „Die Seele ist der Logos, der sich stets aus sich selbst entfaltet." (B 115) Der Logos der Seele (= das Wesen der Seele) ist von der Art, sich selbst zu steigern (Heraklit, Fr. 115) (d. h. zur Vollkommenheit zu gelangen). Daher ist es "allen Menschen ... gegeben, sich selbst zu erforschen und zum Logos zu gelangen." (Fr. 116)

Der Weg hinauf und der Weg hinab ist einer. (Heraklit, Fr. 60) Der Aufstieg zum Gipfel und der Abstieg zum Grund ist ein Akt. Der Aufstieg zum Ur-Einen, ist Aufstieg der Seele (des Bewußtseins) in der Erkenntnis. „In der Umwendung in ihren eigenen Grund schaut sie, was sie anfanglos ist, aber ... vergaß, das Eine als das Hellste über dem Sein, das Ur-Prinzip des Agathon." (Phaedo 518bc)

Wenn die Seele zu sich kommt – was dann geschieht, wenn sie von allem Kreatürlichen abgeschieden und wieder in sich selbst eingekehrt ist, dann verwirklicht sie, was sie von ihrem überzeitlichen

Wesen her und ihrer Natur nach ist und schon immer war und das ist (ihrer ewigen Wahrheit nach) reine Liebe und Göttlichkeit.

Die physische Welt ist geschaffen, hat also einen Anfang, nicht aber ein Ende; Sie ist geschaffen (γενητον), aber unvergänglich (αγενητον). Die Unsterblichkeit der Seele hat nicht denselben ontologischen Status wie die Unveränderlichkeit der Ideen und dergleichen haben die zeitlichen Strukturen der Seele auch nicht die gleiche Notwendigkeit wie die noetischen Beziehungen in der Welt der Ideen.

Des Weiteren hat die Seele trotz ihrer Herkunft aus dem νους (dem absoluten Geist) und ihrer Verankerung in der Vollkommenheit des göttlichen λογος, dennoch auch diverse destruktive Tendenzen (ανοια, αλογον, επιθυμια); sie ist bipolar – mit dem Logos, von dem sie ausgeht, einerseits und der Begierde (επιθυμια) als dessen Antipode andererseits, als ihre beiden Pole; Zwischen diesen entfaltet sich das Leben der Seele.

Ewigkeit und Zeit als Modi des Verhältnisses zwischen Geist und Seele

Aus dieser Bestimmung der Seele als Bild und Manifestation des Geistes als dem seienden Einen, lassen sich die weiteren Wesenszüge und Eigenschaften der Seele ohne Schwierigkeiten ableiten. Wir wollen diese Überlegungen aber in der Selbstbetrachtung unserer eigenen Erfahrung als Seelenwesen, kontemplativ und reflexiv begleiten und prüfen. Somit besteht unser Weg der Erforschung der Seele in der Rückbesinnung auf ihren Ursprung im Geiste und zugleich in der Introspektion unserer selbst. Ich beginne und fahre hier erst einmal fort mit der diskursiven Analyse und Herleitung ihrer Wesenszüge und Merkmale aus ihrem Ursprung.

Danach wird uns offenbar, daß es der in der Seele tätige Logos ist, der ihren wahren göttlichen Kern und auch ihr Hegemonikon (=leitendes Prinzip) bildet. In anderen Worten ist es dieser Kern, der ihre Mitte – d.i. das zwischen den beiden Polen vermittelnde bzw.

entscheidende, leitende Prinzip (die dritte Instanz) bildet, welches Plato als λογιστικον (das Vernunftprinzip) und Epiktet als ηγεμονικον (Hegemonikon, das leitende Prinzip) bezeichnete. Dieses ist nichts anderes als eine dem Logos selbst entspringende, ihm zugehörige, also aus dem der Seele einwohnenden Bewußtsein (νους) stammende Kraft. Sie bildet den eigentlichen Kern der Seele, unser geistiges Herz.

Die Seele als Ganzes ist ontologisch ein Mittleres, zwischen Geist und Hyle Vermittelndes. Ihr gegenüber ist der Geist das seinsmäßig Ursprünglichere. Die Bewegung des Geistes, die Erkennen ist, ist unzeitlich, die der Seele aber zeitlich.

Der in unserer Seele wirkende Logos bildet gleichsam unsere innere Stimme, die im Herzen spricht und uns leitet. Wenn wir dieser Stimme folgen, tritt das in der Seele in Erscheinung, was im Geist (als der All-Einheit der Ideen) notwendig verborgen bleibt. Geist und Seele stehen danach zueinander in der Beziehung von *complicatio* und *explicatio*. In der Totalität des Geistes ist alle Vielheit in die Einheit eingefaltet (complicatio). Die Entfaltung (εξειλιξις) (explicatio) der in die Einheit des Geistes eingefalteten Vielheit aber ist das Wesen der Seele (und ihres Lebens). Als solche Entfaltung ist die Seele eine Selbstentfaltung des Geistes nach außen, in ein Anderes, das dem Geist gegenüber eine selbständige Existenz (υποστασις) gewinnt. "Wie der im Worte ausgesprochene Gedanke ein Bild des Gedankens im Geiste ist, so ist die Seele selbst der ausgesprochene Gedanke (λογος) des Geistes, die gesammelte Wirksamkeit (ενεργεια) und das Leben, das er ausströmt in die Existenz eines Anderen." (Plotin, En. V 1, 3, 7 – 9) Das aber heißt, daß die Seele sowohl das Empfangsorgan als auch der Ort ist, in bzw. an dem Gott sich offenbart sowie seine Qualitäten und Kräfte in uns ausgießt.

So wie das Außer-sich-Sein des Gedankens in seinem Ausgesprochensein sein In-sich-Sein nicht aufhebt, so hebt auch das Außer-sich-Sein des Geistes in der Seele sein In-sich-Sein nicht auf. Diese Äußerung (προφορα) des zugleich unverändert und ewig in sich bleibenden Geistes, die nun diesem gegenüber ein selbständiges Sein gewinnt und doch *dessen* Außer-sich-Sein ist, ist die Seele: "Weil die Seele also vom Geist her stammt, ist sie auch selber – jedoch nur vermittels des in ihr wohnenden Geistes – denkend (vernunftbegabt, schauend) (νοηρα). Dabei bewegt sich *ihr Geist* in "Logismen" (Betrachtungen), und ihre Vollendung empfängt sie ebenfalls vom Geist, der ja ihr Seinsgrund und Wesen ist. So empfängt die Seele sowohl ihre Existenz als auch die Verwirklichung ihrer Bestimmung (das ist des λογος) aus dem Geist, dadurch, daß sie den Geist schaut wie er in sich selber ist und sich durch diese Schau ihm selbst verähnlicht."

Es ist wie Meister Eckhart oft sagte: In dem Maße, wie ich mit meinem Ich aus mir herausgehe, geht Gott mit Seiner Fülle in mich ein. Es ist Sein Geist, der die Seele erfüllt, bewegt und vorantreibt.

Das Leben der Seele

Das Denken und Betrachten der Seele (im Sinne einer beständigen Reflexion des Lebens in ihrem Bewußtsein) ist, wie wir ja von uns selbst wissen, nicht wie beim Geist noetische Selbstbetrachtung als Vollzug der Einheit des Seins und der Fülle der Ideen, sondern ein diskursives Auseinanderlegen und Hindurchgehen der Gehalte und Erfahrungen ihres Lebens, sowohl in und mit sich selbst, als auch in der Welt und mit Gott. Die Fähigkeit des Denkens hat sie vom Logos, nicht jedoch in dessen absoluter Vollkommenheit, sondern in der allem Geschaffenen eignenden – in dessen relativer und polarer Natur gründenden – Unvollkommenheit. Der in der Seele manifeste Logos, der sich zu ihrem eigentlichen „Wahrnehmungs- und Denkorgan" entwickelt, ist selbst polarer Natur und offenbart sich als dialektischer Gegensatz von Vernunft und Unvernunft. Seine beiden Pole entsprechen den beiden Urgegensätzen der Seele selbst, deren Wahrnehmen, Erkennen und Leben sich in dem unendlich weiten Raume zwischen reinem Geiste (nous) und den manifesten Einzeldingen der geschaffenen (empirischen) Welt und den diversen Momenten ihres kleinen Ich entfaltet und bewegt. Dieses Denkorgan (oder individuelle Bewußtsein) wird in den indischen Schriften als „Antahkarana" bezeichnet und bildet die innerste Schicht und Struktur aller möglichen Bewußtseinsakte und auch der aus den Vollzügen unserer Erfahrungen und Entscheidungen in Welt und Leben zustande kommenden Überformungen der Seele. Die Seele ist ja der Ort im Menschen, wo alle Erfahrungen vom Anbeginn unserer Inkarnation gespeichert sind.

Das Denken (Leben) der Seele ist darum eine Bewegung des Unterwegsseins und Vorangehens, kein Immer-schon-am-Ziel-Sein wie beim absoluten Geist, eine Bewegung des Suchens und kein ewiges Gefundenhaben. Weil alles Denken sich nur im In-Eins-Schauen der Ideenfülle wahrhaft selbst vollendet, ist die Selbstanschauung des Geistes auch das Urbild und das Ziel der suchenden Denkbewegung der Seele. Das ist es, was Ramana Maharshi etwa in der Suchfrage des "Ko-ham?" – "Wer bin ich?" zur Methode machte. Das Wesen der aus dem Geist hervorgegangenen Seele ist somit die Bewegung ihrer Rückkehr zum Geist.

Und wie der Geist die ursprüngliche Einheit des Seins (in seiner Rückschau auf das Eine) in sich selbst zur Vielfalt des Kosmos der Ideen entfaltet, so entfaltet auch die Seele in ihrem Schauen und Denken ihre eigene Welt von Vorstellungen und Bildern und es ist das Leben in der Welt, in dem sie die Erfahrungen macht, die ihr erst ermöglichen sich selbst zu erkennen und zu finden.

Die Seele ist polar

Des Weiteren hat die Seele trotz ihrer Herkunft aus dem νους (dem absoluten Geist) und ihrer Verankerung in der Vollkommenheit des göttlichen λογος, dennoch auch diverse destruktive Tendenzen (ανοια, αλογον, επιθυμια); dies liegt daran, daß die Seele als Schöpfung des Logos naturgemäß polar also mit gegensätzlichen Tendenzen angelegt ist.

Während der höhere Pol der Seele noch mit ihrer Wurzel im absoluten Geiste, d. i. dem Logos zusammenfällt, bildet ihr niederer Pol als Antithesis zum oberen, eine Gegenkraft zum ersten und bewirkt jener gegenüber eine Bewegung nach außen und unten. Plato hat ihn als Begierde (επιϑυμια) bzw. Unvernunft (ανοια, αλογον) identifiziert.

Die polare Natur der Seele hat schon im Logos als der schöpferischen Kraft des absoluten Geistes, aus dem sie hervorgeht ihren Grund und Ursprung, als jener ja das dialektische Prinzip selbst und damit grundsätzlich polar angelegt ist; Der Logos ist es, der das absolute Eine in Vielfalt (und Gegensätzlichkeit) auseinanderlegt und das Gegensätzliche, Polare wieder in die transzendentale Einheit zurückführt.

Deshalb ist der Logos auf der Manifestationsebene selbst polar obwohl seine Wurzel im alltranszendenten absoluten Einen gründet! Diese beiden Pole des Logos gehen notwendig auch auf all seine Hervorbringungen – und damit auch auf die Seele – über. Und diese beiden Pole bestimmen auch den Rahmen ihrer möglichen Entwicklung.

Goethe war es, der ausrief: „Zwei Seelen wohnen, Ach, in meiner Brust ...“

Während ihr oberer Pol sie an den reinen Geist, aus dem sie ist, rückbindet und sie zu ihm emporzieht, ist der untere dessen antithetische Negation. Er zieht sie nach unten.

Da die Seele vermittels ihres oberen Poles, der ja zugleich ihre Wurzel im absoluten Geiste ist, sie nach oben in ihren Ursprung zurück zieht, ist damit auch ihrer Entwicklungsmöglichkeit nach oben in die Vollkommenheit des Geistes keine Grenze gesetzt. Während es durchaus ihrer Urenergie, die die Seele aus dem Geiste mitbringt, entspricht, sich wieder in die Urqualität göttlicher Liebe, aus der sie stammt, zurück zu entwickeln, wählen manche Seelen oft den anderen Weg, den des Niedergangs. Je nachdem, ob sie ihrem oberen Pol, d.i. dem göttlichen Logos, oder ihrem niederen, d.i. der Begierde (επιϑυμια) folgen, erheben sie sich zu ihrem Ursprung in Gott, oder verfallen sie der Verhaftung an die Formlosigkeit (κακια) der Hyle. Und das braucht vielleicht 100 Inkarnationen, um wieder aufzusteigen. Handelt es sich um eine junge Seele, die erst wenige Erdinkarnationen hat, dann wird sie den Weg der Erfahrungen suchen, auch wenn dieser allerlei Mühsale und oft auch große Erschwernis mit sich bringt.

Die Mehrheit der menschlichen Seelen geht jedoch einen Weg zwischen Licht und Dunkel, auf dem sie langsam erwachen und mehr und mehr ihrem Herzen und dem darin waltenden Hegemonikon folgen. Das ist ein Weg, auf dem sie in der Regel weder direkt in das Licht und die Einheit des Nous eingehen, noch ganz der glitzernden Vielfalt und undifferenzierten Formlosigkeit der Hyle verfallen. Sie gehen damit vielmehr einen Weg des allmählichen Erwachens und damit auch des steten Aufstieges in die Vollkommenheit Gottes.

Daraus folgt, daß die Seele – dem Wachse ähnlich – temporär (über-)formbar ist, daß es die Erfahrungen, Eindrücke und Entscheidungen ihres Lebens sind, die sie qualitativ prägen und gestalten. Ihre Urenergie, die reine göttliche Liebe ist, bleibt dabei jedoch völlig unberührt.

Die Seele ist universell und individuell –
    Weltseele und Einzelseelen

Als nächstes möchte ich hier daran erinnern, daß der erste Schöpfungsakt des νους und seines Logos in der Hervorbringung der Weltseele besteht, die selbst noch universeller Natur ist, aber dennoch die ganze Vielheit individueller Seelenformen als mögliche Manifestationen in sich trägt. Damit stellt sich die Frage, wie wohl diese Einzelseelen aus jener entstehen?

Obwohl dieser Prozeß ein echtes Mysterium bildet, ist zumindest folgendes sagbar: Es ist der der Weltseele innewohnende δεμιουργος = λογος, der vermittels einer Dihairesis die mannigfaltigen individuellen Einzelseelen – ähnlich wie die Einzelideen (ατομα ειδε) aus der Einheit des absoluten Geistes (νους) – aus der Weltseele als Ganzer herausdifferenziert, so daß jede Einzelseele in sich einzigartig und dennoch in jeder, alle Seelen somit in jeder wie auch in der Weltseele als Ganzer enthalten sind.

Während die Seele als erste und oberste Seinsform nach dem Geiste, aus dem sie hervorgeht, ein unteilbares Ganzes bildet und als solches universell ist, ist sie durch die Annahme vielfältigster individueller Prägungen – eben der Individualität als der geistigen Gestalt des Einzelwesens – myriadenfach gegliedert und differenziert.

Dort, wo der Seele eine Individualität als Prägung auferlegt ist, kommt es zu einer Verdichtung von Energie, die sich in der Entfaltung eines „Sprosses" bzw. Kerns aus dem Seelenganzen herausbildet und manifestiert. Die aus der Weltseele als Ganzer hervorgehende individuelle Seele bildet somit einen Sproß am „Energie-Körper" der Weltseele heraus, in dem sich schließlich das Zentrum ihres Bewußtseins als individuelles Wesen manifestiert. Wir sind also allesamt spezifische Sprossen an der einen Weltseele.

Und es ist eine Tatsache, daß jede Seele ihrem Wesen nach sowohl universell als auch individuell ist. Denn jede individuelle Seele ist Bild eines ατομον ειδος, ist damit schon von ihrer individuellen Wesensart in sich unvergleichlich und hat auch ihren je eigenen Weg. Und dieser Weg führt sie durch diverse Kulturen und Inkarnationen; jede hat ihr eigenes Leben, macht ihre je eigenen Erfahrungen, trifft ihre je eigenen Entscheidungen und formt damit auch ihr je eigenes Schicksal. In all dem ist sie individuell, doch als Ganzes nach wie vor universell!

a) Es ist erst von der ersten Einkörperung (Inkarnation) (Tim. 41 d8-42 a3) an, daß die Ausrichtung der Seele über ihr Schicksal, also ihre Zukunft und ihr Werden entscheidet. Diese innere Ausrichtung, also nach ihrem Ursprung im Licht (=Logos/Nous) oder aber in einer Verhaftung an ihre äußere Gestalt und die sinnfällige Welt, d.i. ihrem niederen Pol hin, bewirkt ihre geistige Qualifikation (bzw. ihren ethischen Status), also die Verwirklichung oder Verfehlung ihrer göttlichen Bestimmung. Je nachdem erlangt sie (als Bild des Logos) αρετη bzw. als Angleichung an die Formlosigkeit der Hyle bzw. der materiellen Welt κακια.

b) Die Frage bleibt, was ist es, das die einen Seelen zum Aufstieg, die anderen aber zum Abstieg (Fall) führt? Gewiß ist es nicht die Gottheit, die dies bewirkt, sondern kann es nur in der jeweiligen

Wahl also Eigenverantwortung des Menschen liegen; Es ist dies eine Frage bewußter Verantwortung, inwieweit die jeweilige Seele ihrem göttlichen Inbild (εἶδος), das ein individuelles Abbild (ein ἄτομον εἶδος) des reinen Nous ist, folgt, also ihrer inneren Stimme treu bzw. authentisch ist und bei sich selbst bleibt, oder sich selbst verläßt bzw. verlassen hat. Der in der Seele wirkende Nous, das den Gang der Seele lenkende Hegemonikon also, ist das, was wir das wahre Selbst des Menschen oder den wahren oder göttlichen, den inneren Menschen im Menschen nennen.

c) Mit dem Ableben (Tod) des Menschen, durch welches es zur Trennung der Seele von ihrem Leib kommt, geht die Seele den durch ihr Schicksal, d.i. durch ihre jeweilige innere Verfassung bestimmten Weg. Sie steigt auf ins Licht (= den absoluten Geist) oder fällt in die Dunkelheit der formlosen Hyle, von wo sie gemäß der Gnade oder Barmherzigkeit des Nous, zu sich selbst zurückfinden und sich von allen Anhaftungen der κακια bzw. der Hyle befreien und zu ihrer wahren eingeborenen Vollkommenheit zurückkehren kann.

d) Solange die Seele nicht zu ihrer endgültigen Bestimmung in der Vollkommenheit des Nous aufgestiegen und sich mit ihm vereinigt hat bzw. in ihn eingegangen ist, bleibt die Seele ihrer strukturellen Konstitution und inneren Dynamik gemäß von einer steten Unruhe getrieben bzw. unausgewogen, ihrer selbst nicht sicher. Ihre Verfassung besteht in einem unausgesetzten inneren Wettstreit ihrer Gegensätze, ihrem Verlangen nach der Schau des Schönen oder dem Erlangen des Guten (αγαθον) einerseits, und der επιθυμια (= der Begierde) andererseits, die sich in der Verhaftung an bzw. in dem Festhalten des äußeren Lebens und der Hyle (Materie) manifestiert. Goethe war es, der sagte: „Zwei Seelen wohnen, Ach! in meiner Brust, die eine will sich von der anderen trennen: Die eine hält in derber Liebeslust, sich an die Welt mit klammernden Organen; die andere hebt gewaltsam sich vom Dust zu den Gefilden hoher Ahnen." Und Augustinus sagte treffend: „Unruhig ist unsere Seele, bis sie ruht in Gott".

So bedarf es eines steten Gewahrsams und entschlossener Arbeit an sich selbst, einem (εαυτον πλαττειν), um sich des Erlangens des erstrebten Zieles zu versichern. Die Kraft, die die Seele zu ihrer Verwirklichung treibt, ist der platonische Eros, das Verlangen, das Gute für immer zu besitzen (Symp. 206 a 11-12). In der Politeia (505 d11ff) sagt Plato: „Was jede Seele verfolgt und um dessen willen sie alles tut", ist das Gute selbst, die Idee des Guten. Auch wenn die Seele (noch nicht) weiß, was das Gute ist, so ist es dieses selbst, das sie antreibt; Wie der Eros ein Mittleres zwischen Mangel und Fülle, πορος und πενια, so ist die Seele von ihrer Konstitution her analog dazu ein Mittleres zwischen Sein (dem το ον / οντα / εστι bzw. der ουσια) und Nicht-Sein (ουκ εστιν), zwischen καλλον / αρετη und κακια. Je, nach ihrer Ausrichtung verwirklicht sie diese oder jene Seite ihres Wesens. Somit sind der Eros und die Psyche von ihrem Wesen her ewig verwandt und deshalb auch ewig miteinander verbunden und vereint. So wie der Eros aus sich heraus wächst und sich vollendet, so geschieht es desgleichen mit der Seele, die durch ihn geleitet und vollendet wird.

Hier wird uns deutlich, daß der Eros ein Aspekt des Logos, bzw. seiner Manifestation als λογιστικον bzw. ηγεμονικον der Seele ist.

Erst und nur dann, wenn wir uns in der Wahrheit unseres göttlichen Selbst finden und die uns selbst auferlegten Begrenzungen des Verstandes und unserer unbewußten Neigungen erlösen und damit auch unsere Identifikation mit der Individualität übersteigen, kommen wir wieder zurück zu der Urerfahrung des Alleinsseins. Die Seele selbst ist ja ohne Begrenzung, und es sind nur die darübergestülpten Begrenzungen des Verstandes und seiner unbewußten Neigungen, die uns in unserem Dasein und Leben jeweils begrenzen, einschränken und behindern.

Diese Begrenzung passiert ja dann, wenn wir uns zu fest an unsere Individualität klammern und unser Selbst gänzlich mit ihr identifizieren. Dann erst nimmt sie die Form des Ego an! Der Weg zur Freiheit besteht jedoch nicht in der Verleugnung unserer Individualität, sondern darin, die Individualität anzunehmen wie sie ist, sich aber nicht mit ihr zu identifizieren, sich auch nicht um sie zu kümmern, sondern sich im Allbewußtsein zu verankern.

Das Allbewußtheit ist ja die Verfassung der erwachten Seele und ihres wahren Kerns; dieses herrscht dort, wo wir keinen Gedanken mehr an das verschwenden, was die Individualität ist oder fordert. Sie ist das Bewußtsein unserer Göttlichkeit und unseres Einsseins mit allem, was ist. Und dieses erweiterte Bewußtsein sprengt alle Ketten.

Fragen wir nach der Substanz der Seele, so erkennen wir sie schon vom Ursprung her als reine Liebesenergie. Die Liebesenergie ist göttliche Quelle.

Allliebe ist die Substanz und Wesensqualität der Seele; verliert sie sich, so ist es möglich, daß sie temporär von wesensfremden Aspekten überformt wird, wobei ihr Kern und Wesen davon unberührt bleibt. Die Qualität der Seele verändert sich nur im Zusammenhang mit der Ausrichtung ihres Bewußtseins. In dem Maße als sie zu sich selber kommt, kommt sie zurück zu ihrem Ursprung und damit auch ihrer Urqualität.

All unsere Selbstbegrenzungen und emotionalen Behinderungen sind mentale Programme, die hier in der Seele abgespeichert sind. Das sind die negativen Prägungen, die die Inder als *Superimpositions* oder *Samskaras* bezeichnen. Diese wollen allesamt und für immer gelöscht werden. Dann erst ist die Seele frei und ganz das, was sie von ihrem Ursprung her in Wahrheit ist: Fülle, Licht und Leben.

Zusammenfassend können wir weiter sagen, daß es zwar nur eine Seele, die Weltseele, gibt, die unser aller Seele ist, diese Seele aber vielfach individuiert ist, indem ihr diverse Individualitäten aufgeprägt sind. Unsere Aufgabe ist es, uns allmählich von aller Identifikation mit jeglichen Begrenzungen – auch unserer begrenzten Individualität – zu befreien und ganz im absoluten Geiste aufzugehen.

Plato und Plotin haben die Individualisierungen der Weltseele dem Demiurgen oder Weltenschöpfer zugeschrieben. Danach ist es eben dieser Demiurg oder Schöpfergott, der die einzelnen Seelen in einem Akt der Dihairese aus der Weltseele herausgliedert.

Die Zahl der Einzelseelen ist so zahlreich wie die Sterne am Himmel. Das ist nicht wörtlich, also zahlenmäßig zu verstehen, sondern nur als Gleichnis: Der individuellen Seelen sind unzählbar viele. Zugleich ist diese Aussage auch ein Hinweis auf eine energetische Korrespondenz zwischen Seelen und Himmelskörpern, bzw. zwischen den Organen und den Sternen etc., denn Makrokosmos und Mikrokosmos spiegeln sich gegenseitig ineinander bzw. sind sie letztlich eins!

Indem der Geist aus der einen Weltseele eine unzählbare Vielheit an Individualitäten herausgliedert, erschafft er sich darin eine myriadenfache Vielfalt von partikulären unbegrenzt voneinander divergierenden und doch nach einem einzigen Eidos als ihrem gemeinsamen Urbild (und Genos) gebildeten Individuen als Spiegel, in dem er die ihm inhärente überabzählbare Ideenfülle als abzählbar unendliche Mannigfaltigkeit beschauen kann. Er kann in der unbegrenzten Mannigfaltigkeit individueller Partikularitäten und deren zeitlich und qualitativ unbegrenzter Entfaltung zu einer empirisch konkreten Anschauung dieser unfaßbaren Fülle seines Selbst gelangen.

Alle individuellen Wesen und Seelen – von der Ameise bis hinauf zu den Aufgestiegenen Meistern, Engeln, Erzengeln und Göttern – sind Sprossen oder Zweige der einen Weltseele. Wer sich selbst gefunden, d. h. als eins und ident mit der Weltseele bzw. Gott erfahren und erkannt hat, der fühlt und weiß, daß er in ihm eins mit All und allen ist, mit den einfachen Menschen auf der Straße, aber auch Jeshua, Krishna, Plato oder Sokrates. Aus diesem Bewußtsein heraus konnte Jeshua sagen: „Ich bin der Weinstock, ihr seid die Reben".

Absoluter Geist und Demiurg, Gottheit, Gott und Götter

Als nächstes möchte ich den Begriff des Demiurgen oder Schöpfers klären. Dieser ist ja nichts anderes als eine Personifizierung der schöpferischen Kraft (=Logos) des absoluten Geistes. Der Demiurg ist sozusagen die erste Gestaltwerdung des Logos als schöpferisches Prinzip des absoluten Geistes.

Wenn nun die Weltseele die erste Schöpfung und auch der Ursprung der unteren Welten ist, dann folgt daraus, daß Demiurg und Weltseele nicht nur gleichrangige Wesenheiten, sondern in Wahrheit identisch sind.

Numenios (ein Schüler Platos) nennt den Demiurgen oder Schöpfergott auch den zweiten Gott (ο δευτερος θεος) im Gegensatz zum ersten, der der absolute Geist oder Brahman ist, also dasjenige allumfassende Sein und Bewußtsein, das ganz in sich selber ruht, sich selbst ewig gleich, ein unveränderliches Eines, jenseits von Raum und Zeit und von Welt und geschaffenen Wesen und Dingen ewig unberührt.

Der zweite Gott, der aus dem Geiste hervorgegangene Demiurg, der ja auch ein personaler Gott ist, ist dagegen der Welt zugewandt und mit der Weltseele identisch; er spielt die Rolle eines Vaters, Meisters, Arztes oder Königs und ist nicht nur als reiner Geist, sondern auch als personales Wesen mit Welt und allen Wesen innig verbunden.

Die Beziehung zwischen reinem Geist (Brahman) und zweitem Gott, des νους zum einem θεος, gleicht dem Verhältnis eines Vaters zu seinem Sohne, nicht jedoch in einem Zeugungs-, sondern in einem Emanationsverhältnis. Der Demiurg, der ja mit der Weltseele identisch ist, ist eine geistige Emanation des absoluten Geistes. Alle Hochgötter der diversen Religionen werden uns von ihren Traditionen als solche Gottessöhne, also als echte Personifikationen des Prinzips des zweiten Gottes vermittelt. Denken wir an Shiva in Indien, Amun in Altägypten oder Pan Gu in China. Ein Altägyptischer Hymnus artikuliert das Verhältnis des Schöpfergottes – hier als Amun benannt – in wunderschöner poetischer Sprache: „Er, der sich aus sich selbst erschaffen hat. ... Er, der Herr der Millionen." Das konnotiert die Einheit mit und Zwischenstellung des Demiurgen zwischen absolutem Geist und der Mannigfaltigkeit der geschaffenen Wesenheiten, die alle Teile von ihm sind. Auch die Veden sagen: „Er (der Schöpfergott) ist die ursprünglich erste und höchste Person, Adi-Purusha, und die Substanz aller lebenden Wesen"

Es ist aber nicht nur der Demiurg, als höchster und erster der Götter, den wir als personale Gottheit ansprechen, sondern sind es all jene aufgestiegenen Wesen, die ihre Identifikation mit und Verhaftung an alles Kreatürliche zurückgelassen und überstiegen haben und damit in die Vollkommenheit des Nous, als dem universellen und unpersönlichen ersten Gott, eingegangen sind. Dazu zählen Wesenheiten wie Jeshua, Krishna, Buddha, Lao Tzu, Plato, Mutter Maria, Dakini, Ramana Maharshi, Sathya Sai Baba, Paramahansa Yogananda, Anandamoyi Ma und unzählig viele mehr.

In der Tat ist es ja der Logos selbst, der da in der personalen Gestalt des Demiurgen die Gesamtheit des Ideenkosmos in sich umfaßt, der seine Wurzel im Einen hat und als das eine umfassende schöpferische Prinzip des Geistes dasjenige ist, was aus dem Einen die Vielheiten hervorbringt, die von der Totalität der Ideen bis hinunter in die ganz konkreten Welten alles Seiende umfassen – und diese Vielheiten wieder zum Einen emporheben.

Dabei erinnern wir uns, daß es die Dialektik ist, die das formale Prinzip oder Gesetz des Logos ist, nach dem er operiert bzw. wirkt. Es ist ja ein Prinzip der Dialektik, daß, sobald etwas als *möglich* gedacht werden kann, dieses als *gedachtes Mögliches* im Geiste auch schon *wirklich* nicht aber *notwendig* ist. Als solches ist es geistige Realität, muß jedoch nicht (notwendig) manifest werden. Erst, wenn der Wille des Geistes es so bestimmt, geht das Gedachte auch den Weg der Manifestation.

Mit diesem Prinzip erweist sich die Dialektik tatsächlich als die Ursache und Begründung für die Produktivität des Geistes und des Hervorgangs der lebenden Wesen und geschaffenen Dinge aus dem Geist. Der Geist ist letztlich in, mit und über allem.

Denken und Bewußtsein – Das Selbst oder Ich des Menschen

Wir sagten, daß die Seele nicht Bewußtsein ist. Das bedeutet aber auch, *daß die Seele selbst nicht denkt, vielmehr ist es der Geist in ihr, der denkt!* Die Seele ist sozusagen nur die Ummantelung des

Geistes bzw. der Ort, wo der Geist wirkt und dieses Wirken des Geistes sich in der Seele ausdrückt.

Also noch einmal: Der Geist als Bewußtseinsträger ist es, der denkt; die Seele ist nur das energetische Feld, in dem er wohnt und wirkt. Das heißt aber, die Seele kommt allein durch das Wirken des Geistes oder des Logos in ihr zur Entfaltung und Verwirklichung. Der Geist in der Seele ist es, der sie durchwirkt, durchdringt und von innen her gestaltet. Er allein ist wirkungsmächtig.

Dieser reflektierende, der Seele innwohnende und All und alles durchwirkende Geist ist *das eigentliche Ich* des Menschen, der innere Mensch. Dieser der Seele einwohnende Geist, ihre Verbindung mit dem Geist (νους εν ψυχη) zur Geistseele ψυχη νοητον bildet den geistigen vernunftbegabten Kern des Menschen. Das Gewahrsein des Ich als Seele nennen wir Seelenbewußtsein.

Es ist das Selbstbewußtsein des in unserer Seele wohnenden Geistes, das bzw. der unser eigentliches *Ich* ist. Es ist im Zusammenwirken der bewußten Selbsttätigkeit der Seele (Wahrnehmen, Denken, Erkennen, Urteilen, Wählen, Entscheiden, Tun) mit der intellektuellen Selbstanschauung des Geistes, die zu einer untrennbaren Einheit verschmolzen, das individuelle Ich-Bewußtsein manifestieren und herausbilden. Nur der Geist selbst kann ja das Prinzip sein, durch das sich die Seele als mit sich selbst identisch (d. i. als mit sich selbst identische Einheit) weiß.

Der Seelengrund, der in der Tiefe der Ideenwelt und damit des Geistes verankert ist, ist das Prinzip und der Ort unseres Selbstbewußtseins und damit *unser eigentliches, höheres, geistiges Selbst,* durch das wir mit der Alleinheit des Geistes eins und identisch sind.

Wir besitzen diesen Geist, der über unserem individuellen Ich steht, und besitzen ihn sowohl als allgemeinen (κοινος) als auch als individuellen – allgemein, indem er unteilbar und einer und überall derselbe ist, individuell, indem jeder einzelne ihn als Ganzes im Grunde seiner Seele besitzt. Er ist allgegenwärtig, überall und in Allem als Ganzes ganz.

Der Seelengrund (die Wurzel), das Prinzip unseres Selbstbewußtseins, kraft dessen wir *Ich* sind, ist eingefaltet in die All-Einheit des absoluten Geistes und damit selbst Moment der intelligiblen Welt (der Urbilder und Ideen). Mein konkretes individuelles Ich konstituiert sich darin, daß sich die Fülle des Geistes darin diskursiv entfaltet und zwar auf individuell besondere und einmalige Weise. Das nennt man die Selbstdifferenzierung des Geistes in und durch das Ich.

Geist und Logos bilden das Licht des Bewußtseins in Seele und Leib. Der Geist wirkt bis tief in die Materie hinein. Geist und Logos sind es, die das wahre *Ich* des Menschen – das ICH BIN – bilden. Er ist der Zeuge, in dem all das, was erkannt wird, erkannt wird. Es ist der Geist, der sich in der Seele selbst bezeugt, denkt und ausdrückt. Und der diesen Zeugen begleitende Wille ist selbst ein Aspekt des Geistes, im Besonderen des Logos. So bin ich als denkendes *Ich* Teil der intelligiblen Welt.

Wie der Logos die Mitte des absoluten Geistes ist, so bildet er auch die Mitte der Seele. Er ist ihre zentrale Kraft und ihr eigener Grund und Ursprung selbst. Er ist die innerste Kraft ihres Lebens, ihr Ewigkeitsgrund und Grund aller Seinsgewißheit in der Form des ICH BIN bzw. besser noch des ICH BIN GOTT.

„Die Seele ist ein Vieles, ja Alles, das Obere wie das Untere bis dahin, wohin jegliches Leben reicht; jeder von uns ist eine intelligible Welt; mit den unteren Seelenanteilen berühren wir den hiesigen Bereich, mit den oberen sind wir in der intelligiblen Welt verankert; mit unserem geistigen Teil bleiben wir ganz in der oberen Welt, nur mit der letzten Stufe sind wir gefesselt an die untere Welt; wir vermitteln gleichsam aus dem Oberen ins Untere einen Ausfluß, eine Wirkung (ενεργεια), wobei jenes Obere sich nicht vermindert." (IU 4,3,21-27))

Mit ihrer Wurzel hat die Seele untrennbaren Anteil an der Ideenwelt des absoluten Geistes (Allbewußtsein. Brahman). Damit ist der Mensch als Seele weltsetzendes (schöpferisches) Bewußtsein; er ist als denkendes Selbstbewußtsein ewiger Teil des absoluten Geistes wie auch der sinnfälligen Welt, so daß alle Stufen und Ebenen der Wirklichkeit im Menschen gegenwärtig sind.

Körper und Organe

Was wir aus unseren eigenen Erfahrungen unmittelbar wissen, ist, daß unser Menschsein und Leben nicht nur durch Geist und Seele, sondern auch durch unsere Körperlichkeit, d. h. durch Körper, Sinne und Verstand gebildet, gelenkt und bestimmt ist.

Nachdem die Seele ihrem Wesen nach nicht unmittelbaren Anteil hat an der Welt der materiellen Erscheinungen, kleidet sie sich in eine Reihe von Körpern, vermittels derer sie erst mit den Wesenheiten und Dingen (der ihnen jeweils entsprechenden Entelechie) dieser sinnfälligen Welt in Kontakt treten kann. Der physische Körper ist ihr Sprachrohr und Gefährt, durch das sie überhaupt erst mit den Wesen und Dingen dieser Welt in Kontakt kommen und kommunizieren kann.

Die Einkleidung der Seele in die diversen Körperhüllen sowie ihre Ausstattung mit den entsprechenden inneren und äußeren Organen, durch die sie sich ausdrückt und bewegt, geschieht in mehreren Stufen, die die östliche Philosophie in der Reihe der unteren zwanzig Tattvas, von den fünf feinstofflichen Empfindungsqualitäten oder Tanmatras bis hinunter zu den grobstofflichen Elementen, darstellt.

Durch diese Einkleidung in diverse Körper sowie ihre Ausstattung mit allerlei psychischen Instrumenten, hat sie Anteil an den jeweiligen Seinssphären, aus deren Stoff diese Körper und Organe gebildet sind. Auch steht sie in ihrer Teilhabe an all diesen Sphären in jeweiligem Stoffwechsel mit ihnen. Diese Sphären bestehen aus den bekannten ätherischen, astralen, mentalen und kausalen Elementen und Welten.

Aus dem Gesagten folgt unmittelbar, daß Vernunft, Verstand, Sinne (Antahkarana) u. dgl. keine integralen Bestandteile der Seele sind, sondern Bestandteile der Feinstoffkörper, in die die Seele gekleidet ist. Hierbei ist es interessant zu betrachten, wie die Kooperation zwischen Seele und ihren Körpern und Organen funktioniert, wie die Seele als Bewußtseinsträger mit den Hüllen und Körpern, in denen die Instrumente liegen und durch die sich die Seele ausdrückt, kooperiert.

Üblicherweise hat die klassische westliche Psychologie (siehe: W. Wundt, H. Rohracher u. a.) zwischen psychischen Kräften und psychischen Funktionen unterschieden. Zu den psychischen Kräften zählt sie Triebe, Wünsche, Bedürfnisse und Willen, zu den psychischen Funktionen Wahrnehmung, Verstand, Gedächtnis, Unterscheidungs- und Urteilsvermögen. All das sind jedoch nicht Aspekte der Seele selbst, sondern der Körper in die sie eingekleidet ist.

Die Kräfte und Aspekte, die sich in oder durch die Seele ausdrücken sind zum einen Impulse und Bewußtseinsinhalte des Geistes zum andern aber auch diverse unbewußte Neigungen in der Seele sowie Aspekte unserer Körperlichkeit und sinnlichen Natur. Diese sind Wirkungen aus der Leib-Seele-Einheit, d. h. aus der organischen Verbindung von Leib und Seele für die Zeit ihrer Inkarnation. Dabei ist zu begreifen, daß Leib und Seele ihrer Natur nach eine untrennbare Einheit bilden, und der Leib als Hervorbringung und Produkt der Seele gleichsam die unmittelbare Manifestation und Ausdrucksform der Seele bildet. Überhaupt kann der Mensch, der wesentlich eine Geist-Seele-Körper-Einheit bildet, nicht – wie das in diversen dogmatischen religiösen Traditionen geschah – in diese zerlegt und einer ungleichen sezierenden Bewertung unterzogen werden. Danach hat man den Menschen in einen höheren spirituellen und einen niederen sinnlichen Aspekt zerteilt, in dem der spirituelle zu fördern, der sinnliche aber zu unterdrücken oder zu überwinden wäre. Heute wissen wir, daß der Mensch von Natur aus eine harmonische Ganzheit von Geist, Seele und Körperlichkeit ist und wir unserer menschlichen Natur nur dann wirklich gerecht werden, wenn wir jedem unserer Aspekte den ihm angemessenen Raum in unserem Leben einräumen.

Was die psychischen Funktionen betrifft, mag ich mich gerne der grundsätzlichen Betrachtung der indischen Samkhya oder Vedanta-Philosophie anschließen, die diese Funktionen einem einheitlichen psychischen Organ zuschreiben, das als Antahkarana bezeichnet wird und die als Manas (dem Sinnesbewußtsein und der Ratio), Buddhi (dem Unterscheidungsvermögen, der höheren Intelligenz und der Intuition), Citta (dem emotionalen und bildhaften Gedächtnis) und Ahamkara (dem Ego) sowie den je 5 Jnanendriyas und Karmendriyas (den Sinnes- und Handlungsorganen) – bezeichnet werden, die es konstituieren. Während Buddhi eigentlich ein Aspekt des Logos bzw. des reinen Geistes ist, sind die anderen drei Bildungen der diversen feinstofflichen oder Aurakörper, in die sich die individuelle Seele eingekleidet hat.

Viele Gegenwartsphilosophen, die die Schriften Platos und Plotins studiert haben, sagen, daß der Seele ein (diskursives) Denken eigne. In Wahrheit ist das Denken zum einen – und hier ist das höhere Denken gemeint – ein Bewußtseinsvollzug des in der Seele manifesten, wirkenden und ihr ihr Erkenntnisvermögen vermittelnden Geistes, zum anderen aber das niedere Denken des Verstandes, an dem die Seele erst durch ihre fein- und grobstofflichen Verkörperungen teil hat. Es ist also das Bewußtsein des Geistes in der Seele, das denkt und ideiert, erkennt und sich gedanklich manifestiert und ausdrückt. Der Geist in der Seele ist es, der ihr Selbst- und Gotterkenntnis und Erkenntnisvermögen überhaupt verleiht.

Das Verstandesdenken dagegen, das in erster Linie eine Funktion des Mentalkörpers ist, bildet – zusammen mit den anderen psychischen Funktionen – im Wesentlichen ein Instrument durch das die Seele sich in der Welt der Erscheinungen orientiert und ausdrückt. Der Verstand, der sich seine Begriffe allein aus den Daten und Wahrnehmungen der Sinne, nicht aber aus den Inhalten der intelligiblen Welt, bildet, dient ihr zur Meisterung des irdischen Lebens. Dort, wo er sich jedoch verselbständigt, wird er zur Fessel der Seele und führt zur Verdunkelung des reinen Geistes, indem er ihm einen Schleier aus reiner Gedankenenergie überstülpt. Der Gedanke als energetische Schwingung ohne Bewußtsein ist ja blind – Seh- und Erkenntnisvermögen hat allein der wache, in sich gesammelte Geist.

So wie sich die immanente Seinsfülle des Geistes nach außen als Seele entfaltet, die die Viel-Einheit der Ideen in die Vielheit ihrer Bilder und Betrachtungen auseinanderlegt, so erscheint die Formenfülle der Seele nach außen in der Welt der vereinzelten sinnlichen Erscheinungen, als Natur (Physis, Prakrti) und Leben. Das Leben der Seele entfaltet sich damit im Raume der verschiedenen Erscheinungsformen und getrennten Einzeldinge dieser Welt, in dem in für sie konstitutiven Neben- und Nacheinander.

Wenn die Seele nun, vermittels des in ihr anwesenden Geistes oder Logos sich selbst erkennt und zu sich selbst findet, so kommt es in ihr zu einer zunehmenden Durchlichtung und damit einer qualitativen Verähnlichung mit dem absoluten Geiste, aus dem sie kommt. Das ist Ausdruck und Konsequenz der Entfaltung und Verwirklichung der in ihr verankerten Ideen und Vollkommenheiten, die sie als Bild des Geistes von ihm hat und keimhaft in sich trägt. Wie es heißt: „Die Seele ist ein reiches Saatfeld göttlichen Samens, den Gott in seiner Liebe ewig nährt und der in ihr Frucht tragen möchte." Sie steigt gleichermaßen zu ihm, dem Geiste, auf, um sich schließlich mit ihm zu vermählen, d. h. in ihn einzugehen, sich mit ihm zu vereinigen. Dabei bleiben aber – wie Meister Eckhart das treffend ausgedrückt hat, alle ihre Kräfte, die ja keine integralen Bestandteile ihrer selbst sind, draußen. Nur nackt und bloß geht die Seele in die nackte Gottheit ein.

Das geistige oder „Heilige" Herz

Das Zentrum unserer Seele ist das geistige Herz. Jeshua nennt es gerne das „Heilige Herz". Darin ist die Seele eins mit Gott. Das Herz schaut Transzendenz und Immanenz in Eins. Sie schaut Unendlichkeit, innen wie außen und trägt alle Vollkommenheit in sich. Das Herz ist Sitz jener Bewußtseinskräfte, die unser wahres Selbst und Ich bilden – so wie wir es eben besprochen haben.

Das Herz ist Träger unserer höheren Intelligenz und hat die Kraft und Fähigkeit die Ursache seelischer Zustände zu erkennen und zu verändern. Es ist Sitz unserer spirituellen Lebens- und Heilkraft und unserer höheren Erkenntnis, also Sitz des Geistes in der Seele. Deshalb sagen wir: Das Herz ist das Licht der Seele und das Licht der Welt.

Es ruht in seiner göttlichen Schau und hat ewigen Zugang zur Transzendenz. Es ist das Herz, das unsere Individualität, unsere Einheit mit Gott und unsere integrale Einheit mit allem Leben und unsere Verbundenheit mit allem, was ist, in Balance und zusammen hält.

Das Herz, von dem ich spreche, ist nicht das physische Herz. Ich meine jenes Herz, das das geistige Auge und der Fokus unserer Seele ist. Es dient der Seele als Linse, durch welche sie sowohl unsere irdischen Erfahrungen als auch unsere göttlichen Erkenntnisse in einem Brennpunkt innerer Wahrnehmung integriert. Dieser Punkt liegt an der Schwelle unserer physischen Existenz, dicht unter und hinter dem körperlichen Herzen.

Das Herz ist der Kraft- und Lebensquell unserer Seele, den Gott in uns angelegt hat, nicht der Verstand. Der Verstand ist nur ein Diener, der sich wohlverhält, wenn er klare Anweisungen erhält. Ohne Führung ist er auf verlorenem Posten. Das Herz ist Sitz sowohl unserer irdischen Emotionen als auch unserer empathischen Empfindungen der höheren Sphären. Es ist jedoch nicht nur Gefühl und Emotion, sondern vielmehr die Grundlage und Stütze unseres höheren Erkenntnisvermögens und all der höheren Bewusstseinsstufen, die wir erfahren.

In tieferer Erkenntnis unserer Selbst erfahren wir, daß das Herz nicht nur unbegrenzt weit und in seiner Liebe alle Wesen, ja das gesamte Universum in sich umfaßt, sondern daß es selbst der Ursprung der Welt und des Universums ist. Alles was ist, hat in ihm – als dem Sitz des Logos und des absoluten Geistes – seinen Ursprung und seine ewige Heimat.

Das erwachte Herz fühlt, daß es ewiger Zufluchtsort aller Seelen und lebendigen Wesen ist. Es ist jenseits seines Wesens, irgendetwas oder irgendein Wesen auszuschließen. Es kennt weder Angst noch Selbstsucht, noch Begrenzung oder Mangel.

Aus dieser Mitte unseres Seins heraus entfaltet sich das Drehbuch unseres Lebens. Wer aus seinem Herzen lebt, der lebt seine Berufung und seinen Seelenplan. Der Verstand spielt nur die Rolle eines Chronisten und Verwalters, nicht aber eines Regisseurs. Der Regisseur ist der im Heiligen Herzen wohnende göttliche Geist. Ihm folgend, wird jede Sehnsucht unseres Herzens sich erfüllen.

Das tiefere Verständnis unseres Herzens ist in dieser Zeit verloren gegangen. Wir haben vergessen, daß die Substanz der Welt Liebe ist. Wir selbst sind Inkarnationen reiner, göttlicher Liebe. Nur wenn wir die Liebe leben, die wir sind, verwirklichen wir unser wahres göttliches Menschsein und erfahren die uns eingeborene Glückseligkeit des Seins.

Um den Segen und die Glückseligkeit des Seins erfahren zu können, müssen wir aus dem Wolkenkuckucksheim unserer Ansprüche und Erwartungen heraustreten, unser Traumleben und illusorisches Ich loslassen und einem Leben der Liebe darbringen. Wir können nur soviel Heilung und innere Fülle erfahren, als wir Liebe aus der Tiefe unseres Herzens schöpfen und leben gelernt haben. Den Zugang zu jenem unerschöpflichen Quell innerer Kraft und Glückseligkeit finden wir darin, daß wir aus der Tiefe des Glaubens und des reinen Gottvertrauens schöpfen und leben. Das feste Fundament eines heilen und erfüllten Lebens bildet die Wahrhaftigkeit. Sie ist die Bedingung sine qua non für ein gelungenes Leben. Nur in der Wahrheit finden wir den Weg zur Transzendenz unserer Illusionen und zur Erfüllung unserer göttlichen Bestimmung.

Unser Herz kennt seinem Wesen nach weder Zögern noch Zweifel; es steht unerschütterlich fest in der Wahrheit und der Liebe: Wahrhaftigkeit und Liebe sind das Wesen des Herzens. Und das Herz ist auch der Ort, an dem sich alle Impulse unseres inneren Lebens läutern und vollenden. Es umfaßt alle Emotionen, Gefühle und Wahrnehmungen, in seinem göttlichen Licht, um sie zu läutern, zu erheben und zu vervollkommnen.

Durch diesen Prozess finden nicht nur all unsere vollendeten, sondern auch all die unfertigen und unerlösten Lebenserfahrungen ihren Abschluß und steigen auf zu Gott. So vollendet sich unser Leben in einem Akt spiritueller Einung mit ihm und führt uns damit zur Erfüllung unseres ultimativen Lebenssinns.

Avidya oder das Unbewußte

Doch gehen wir noch ein paar Schritte weiter: Wenn der Gedanke stimmt, daß es schon im Ursprung Kräfte und Impulse gibt, die bis auf die unterste Ebene wirksam werden und die auch die verschiedensten Lebensformen hervorbringen, wo doch der Ursprung der Seele im Geist ist, so stellt sich des weiteren die Frage: Woher kommt das Unbewußte bzw. die Unwissenheit, die die Inder Avidya nennen – wenn doch der Geist Bewußtsein ist?

Wie wir von uns selbst und aus den Zeugnissen der Yogis, Mystiker und Philosophen wissen, ist das Unbewußte ja der Ursprung allen Leides und allen Übels in der Welt. Denn niemand vermag eine Bosheit zu begehen, bzw. Negativität, Zerstörung oder Lüge zu säen, wenn er sich seiner selbst vollkommen bewußt ist, sich also selbst in der Wahrheit besitzt. Damit erweist es sich als eine der zentralen Aufgaben in der Selbstfindung des Menschen, sich seiner selbst umfassend bewußt zu werden, also das Unbewußte samt der in ihm verborgenen Regungen und Neigungen allesamt ins Bewußtsein zu heben. Das Unbewußte enthält damit den Schlüssel zur Vollendung. In diesem Sinne nannte C. G. Jung das Unbewußte die Mutter des Bewußtseins. Wo aber hat das Unbewußte seinen Ursprung?

Dieser wird im Vedanta wie auch im Platonismus bereits dem Geist, dem Atman oder Brahman, also Gott, zugeschrieben. Im *Advaita Bodha Deepika* heißt es: „Avidya ist der Mangel an Gewahrsein des Selbst." In seiner kosmischen Dimension (als „cosmic ignorance") hat es seinen Ursprung in Brahman oder Atman selbst. Die Griechen nannten das Unbewußte αμαθια (amathia) (Symp. 203c).

Aus platonischer Sicht ist es der Mangel des Gewahrseins der dem Brahman-Selbst immanenten Totalität oder Fülle der Eide und Ideen. Es ist der Motor und die treibende Kraft des absoluten unbewegten Geistes, und mit ihm aller lebenden Wesen und Dinge, für die Rückkehr zu sich selbst.

Denn, wenn der Geist der Ort der ewigen Eide, Ideen und Vollkommenheiten ist, dann bedeutet das, daß diese Vollkommenheiten als ewig seiend immer schon in ihm sind, er also seinsmäßig – als Bild des Einen – selbst alle Vollkommenheit anfanglos in sich trägt und selber ist. Wenn sich der Geist jedoch dieser seiner absoluten Seinsvollkommenheit und Fülle, die er in sich trägt, selbst nicht vollkommen bewußt ist, ihm also das vollkommene Wissen um das, was an ewiger Fülle in ihm ist, ermangelt, so folgt daraus, daß es im Geiste eine Bewegung geben muß, in der er diese unerschöpfliche Fülle und ihren ergründlichen Gehalt zu erfassen und zu erkennen sucht. Diese Bewegung aber ist die Wurzel seiner Produktivität. Sie ist der Grund und die Ursache für sein Hervorbringen einer konkreten Schöpfung aus der unmanifestierten in ihm gründenden Ideenfülle, worin er sich selbst anschauen und ein begrenztes Maß dieser Fülle in seiner ganzen Bedeutung betrachten, erschließen und erkennen kann.

Überhaupt bildet Avidya den Ursprung und Quell aller Bewegung – nicht nur der ununterbrochenen Suche und des ewigen Rückganges des Geistes nach bzw. in sich selbst, was die Ursache seines ewigen Aus-Sich-Heraus-Gehens und In-Sich-Zurück-Kehrens ist, und damit der Grund und Ursprung des ewigen Hervorbingens und Schaffens des Geistes, auf daß er sich nämlich in dem Hervorgebrachten selbst anschauen und erkennen könne. Aber es auch die Ursache aller Bewegung in Raum und Zeit ist, als sie Ausdruck des ewigen Suchens und Sich-Selber-Findens von All und allem, was geschaffen ist, ist.

Das ist eine Einsicht, die ihrerseits weitreichende Konsequenzen für unser Denken und Erkennen hat. Wenn dem Geiste also ein vollkommenes Bewußtsein um die in seiner grundlosen Tiefe verankerten Fülle an Vollkommenheiten ermangelt, er diese aber ewig in sich hat, so nimmt das ja nichts weg von der Vollkommenheit des Seins in ihm. Dieses Faktum macht vielmehr die Unfassbarkeit dieser seiner ihm inhärenten Fülle deutlich, als der Geist ewig neu und immer tiefer in sich zu gehen vermag und dennoch seine unerschöpfliche Fülle – die ja ihren Ursprung in der Schau des absoluten Einen hat – auf ewig nie ganz fassen kann. Dieser Prozeß der ewigen Selbstfindung und Produktivität des Geistes ist einer, in dem er sich selbst konstituiert; er ist dem Geiste mit Notwendigkeit inne.

Eine Frage aber, die sich da dem Philosophen unausweichlich stellt, ist: Wenn Sein seinen Grund und Ursprung im Erkennen hat, wie kann etwas Seiendes überhaupt sein, wenn es unbewußt ist, wo doch das Erkennen der eigentliche Grund seines Seins ist? Wie kann das Unbewußte seiend sein, wenn es seinen Grund doch im Erkennen haben muß? Wie kann das Unbewußte seiend sein, wenn es nicht erkannt ist?

Eine Antwort auf diese Frage erschließt sich aus der Erkenntnis, daß es drei Richtungen des Schauens im Geiste gibt: zum ersten blickt er (unablässig) auf das Eine, worin er sich selbst mit der Mannigfaltigkeit der Ideen und Vollkommenheiten erfüllt, zum zweiten in sich selbst, und zum dritten „nach außen" auf das was er aus sich hervorgebracht hat.

Der Ausdruck „nach außen" ist dabei nicht wirklich richtig, weil auch das Außen (nämlich das, was er aus sich hervorgebracht hat), ewig in ihm ist. Es gibt ja nichts Seiendes, was nicht in ihm als dem universellen Bewußtsein wäre.

Bei diesem dreifachen Schauen verbleibt jedoch im Vollzug des Erkennens ein offener Rest, ein Rest semantischer Unbestimmtheit. Er (der nous) vermag sich die „Bedeutung", d. i. den semantischen Gehalt der Anblicke, die er im Hinschauen auf das Eine in sich doch als Ideen faßt und bildet, nicht in der vollen Tiefe und im vollen Umfang bewußt zu machen. D. h. daß der Geist die Ideen, die selbst wesenhaft ewig und unendlich sind, und die er doch allesamt und auf einmal und für ewig in sich trägt, ihrem semantischen Gehalt bzw. ihrer Bedeutung grundsätzlich niemals erschöpfend ins Bewußtsein zu heben vermag.

Damit wird erkenntlich – wie wir oben schon sagten –, daß es auch im absoluten Geist eine Bewegung und damit einen Aspekt von Zeitlichkeit gibt. Vielleicht ist es das, was Hegel sagte, indem er von einer Bewegung des ewigen in und zu sich selbst Zurückkehren des Geistes sprach. Wir wissen es nicht.

Diese Erkenntnisse sind durchaus nicht neu: Sie tauchen sowohl in der griechischen Philosophie als auch im indischen Vedanta auf. Die indischen Weisen sagen, daß Avidya (das Unbewußte oder

Nicht-Wissen) seinen ersten und tiefsten Grund und Ursprung in Atman bzw. Brahman hat. Damit wäre, ja ist, Avidya ein Wesensbestandteil des absoluten Geistes und des Logos.

Plotin wiederum hat das so gesagt, daß es im Geiste einen willentlich irrationalen Drang oder Impuls gäbe, der zum Hervorgang der Seele aus dem Geiste führt, der sodann in der Seele als das Unbewußte weiterwirkt, das dann seinerseits zum Ursprung der Materie und zur Ursache der Entstehung bzw. Hervorbringung der materiellen Welten wird – was unmittelbar einsichtig wäre.

Beide Aussagen sind nur verschiedene Varianten ein und derselben Wahrheit. Danach wäre das Unbewußte in der Seele Brücke oder Bindeglied zwischen Geist und Materie (materieller Welt).

Wie kann man diesen „irrationalen Drang", den Plotin als den ersten bewegenden Impuls in Geist und Seele nennt, begreifen? Er ist es ja, der sich schließlich als jener gebärende Impuls in der Seele offenbart, durch den sie Materie hervorbringt. Woher hat die Seele aber ihre schöpferische, produktive Kraft? Wo liegt ihr Ursprung? Woher und wie manifestiert sich dieser „irrationale Drang", von dem Plotin spricht?

Dieser Drang ist selbst ein Aspekt des Logos und die Wurzel des Eros. Die Seele hat damit ihre schöpferische Kraft vom Geist und dessen Logos – und es ist die Dialektik, die die Produktivität des Geistes prinzipiell begründet und ermöglicht.

Die unbewußten Impulse und Bewegungen in der Seele sind es also, die, wenn sie aus der Wirkkraft des Logos nach außen treten, jene (Gedanken-) Schwingungen hervorbringen, die dann in einem Abstieg der zunehmenden Verdichtung – von der Kausalebene bis hinunter zur physischen Ebene – all die Welten hervorbringen, die uns umgeben, inklusive der Lebensformen wie Pflanzen, Tiere, Insekten – ja alles, was kriecht, schwimmt und fliegt; sie alle kommen auf diese Weise zum Sein bzw. in die Existenz; all das sind Verkörperungen von (niederen und höheren) Impulsen der Seele.

So zeigt sich, daß es die Seele ist, die der Ursprung der verschiedenen feinstofflichen und grobstofflichen Welten ist, wobei diese Welten ja dadurch miteinander zusammenhängen, daß ihre Materie nur verschiedene Aggregatzustände ihrer Grundschwingung bildet, die sich zunehmend verdichtet. Diese schöpferischen Kräfte, die die materielle Welt der Erscheinungen aus der Seele ausgebären, stammen aus demselben Grund, aus dem die Seele selbst hervorgegangen ist. Dieser schöpferische Akt ist etwas, was nicht durch menschliche Gedanken steuerbar ist; es ist göttlich gesteuert, durch den Logos.

Während die Ursprungsenergie der Seele reine göttliche Liebe ist, besteht das, was sie manifestiert aus geronnenem Licht bzw. kondensierter Liebe, eben den diversen ersturspünglich aus dem Geiste stammenden unbewußten Regungen und Impulsen in ihr.

Schöpfung als Akt der Selbstoffenbarung und der Selbsterkenntnis Gottes

Bei dieser Betrachtung der Gesamtzusammenhänge des Seins, werden Schöpfung und Hervorgang als absteigende Prozesse der Selbstoffenbarung des Geistes sichtbar, die in der Produktivität und Machtfülle der jeweils oberen Hypostase ihren Grund und Ursprung haben und sich in absteigend proximierender Ebenbildlichkeit, Selbstgenügsamkeit und Vollkommenheit der jeweils unteren Stufe äußern. Was jede Stufe von der ihr vorausgehenden empfängt, das gibt sie gemäß ihrer eigenen Potenz und Mächtigkeit an die nächste weiter. Die unterste Stufe aber ist die Hyle, die den geringsten Grad an Sein, Vollkommenheit und Ordnung aufweist und selbst nicht mehr zeugungsfähig und produktiv ist.

In den Worten Plotins: "So wohnt doch jedem Wesen ein Streben inne, das nach ihm Seiende hervorzubringen und sich selbst zu entfalten, die aus einem Samen teillosen Ursprungs zum Ziel der sinnlichen Erscheinung fortzuschreiten, … derart, daß ein jegliches, je im Grad seines Vermögens, an der Wesenheit des Guten (als dem Einen) Anteil hat." (IV 8, 6, 7 – 18)

So ist die Wirklichkeit (der Hypostasen) in allen ihren Stufen – von der Totalität des Geistes über die Lebensfülle der Seele bis hin zur Welt der sinnlich erscheinenden Einzeldinge – zuletzt eine Manifestation der Einheit und Sein verleihenden Übermacht des alltranszendenten Einen selbst. Während aber der Geist als Einfaltung aller Vielheit "Viel-Einheit" ist, ist die Seele als Ausfaltung der Einheit in Vielheit "Einheit *und* Vielheit" (εν και πολλα) (En. IV 2, 2, 53, V 1, 8, 26; Plato, Parmenides 155E), die von ihr geschaffenen Formen der Einzeldinge aber sind nur noch "Vielheit und Einheit" (πολλα και εν). (IV 2, 2, 54) Denn die Seele bleibt im Akt des Auseinanderlegens der Einheit in Vielheit selbst Einheit, wogegen die sinnlichen Erscheinungen ins Nebeneinander des Raumes und ins Nacheinander der Zeit auseinanderfließen. Darum sind alle Erscheinungen vergänglich, während die Seele selbst unvergänglich ist.

Das innere Leben von Geist und Seele

Das Wesen von Geist und Seele ist δυναμις und ενεργεια – also Leben. Während das Leben des Geistes im Schauen und sich Erfüllen besteht, ist das der Seele Entfalten, Bewegen, Auseinanderlegen und Rückkehr. Und während das Sich-selber-Schauen und Sich-Erfüllen des Geistes seinshaft vor und über der Zeit, als Akt der Selbsterkenntnis jedoch in der Zeit steht, geschieht die Selbstentfaltung der Seele ganz und gar in der Zeit. Das Leben des Geistes ist Ewigkeit, das der Seele aber Zeit.

Plato nannte die Lebenskraft des Geistes αιον. Αιον meint die sich ewig selbst aus sich selbst erneuernde Lebenskraft von Logos und Kosmos, die reine, schlechthin uneingeschränkte Fülle von Sein und Leben (Plato, Tim. 37d & 30c – 31b). Ewigkeit bedeutet hier nicht immerwährende Dauer, sondern das aller Zeit Vorausgehende, das Freisein von aller Erstreckung und Zerteilung der Vielheit des Nacheinanders und Immer-wieder-Anderen, also die Negation von Zeitlichkeit schlechthin. Plato sagt von der Ewigkeit treffend, sie ist "Verharren im Einen." (Tim. 37) Die Ewigkeit ist höchstes Leben und unbegrenzte Fülle des Seins gerade dadurch, daß sie im Einen verharrt und sich nicht ins Viele zerteilt, während die Zeit in ihrem Werden und Vergehen ununterbrochen Neues und Anderes hervorbringt. Dagegen ist Ewigkeit die gesamte Totalität des Seins in der unzerteilten Ganz- und Einheit des zeitlosen Jetzt, das Eine und Ganze der Ideen, das seiende Eine samt seiner unbegrenzten ihm inhärenten Fülle auf einmal, selbst dann, wenn wir dem Geist eine Bewegung ewiger Selbstbetrachtung im Spiegel seiner Schöpfung und damit eine ewige Vertiefung und Expansion der Wahrnehmung der in ihm ruhenden Ideenfülle zugestehen.

Die Zeit ist ja das in zahlenhafter Ordnung bewegte Bild der Ewigkeit (Tim. 37). Cusanus hat die Zeit als unendliche Folge der Entfaltung der Gegenwart in Vergangenheit und Zukunft bezeichnet: „Die Gegenwart ist die Einfaltung der Zeit im Jetzt, die Zeit die Ausfaltung des Jetzt in die Kontinuität wechselnder Zeitmomente. Diese konstituieren aber allesamt jeweils ein neues Jetzt. Denn nur das Jetzt ist als Wirklichkeit möglich, Vergangenheit und Zukunft dagegen sind irreal." (De docta ignorantia)

Leben umfaßt beide, Ewigkeit und Zeit; erstes ist Urbild, zweites ist Abbild. Während das Leben des Geistes seinem Wesen nach Selbstgewahrsein und ewige Betrachtung der Totalität des Seins im Einen und damit Verharren in der Ewigkeit ist, offenbart sich dagegen das Leben der Seele als Entfaltung der Einheit des Ideenganzen in die Vielfalt des Neben- und Nacheinander seiner Momente und der Erscheinungen in der Zeit.

Ganz in diesem Sinne sagt C. G. Jung: „[Das Leben der] Seele ist eine Bilderfolge, aber nicht ein zufälliges Neben- oder Nacheinander, sondern ein über alle Maßen sinnreicher und zweckmäßiger Aufbau, eine in Bildern ausgedrückte Anschaulichkeit der Lebenstätigkeiten." (22: 370)

So also, wie der Geist sein Leben als ewiges In-Sich-Selbst-Gehen und Aus-Sich-Schöpfen ist, bringt die Seele das in ihr Angelegte diskursiv in der Zeit zur Entfaltung. So wie der Geist sich in der Fülle der Ideen schaut, findet sich die Seele im Bilderfluß der Zeit.

Da die Seele als Hervorbringung des Geistes für diesen ja einen Zweck bzw. ein τελος erfüllt, indem sie das schöpferische Medium der zeitlichen Entfaltung seines Unbewußten in Form empirisch konkreter Realität ist, in der er sich selbst anschauen und das ebenda im Konkreten sichtbar gewordene Unbewußte bewußt aneignen kann. So verhelfen ihm Seele und Erscheinungswelt dazu, die in seinem Unbewußten verborgenen Anteile seiner immanenten Ideenfülle ins Bewußtsein zu heben und damit erkennend in Besitz zu nehmen.

Alles in Allem ist und bleibt der absolute Geist der allumfassende und alldurchdringende eine Grund und Ursprung des Seins aller geschaffenen Dinge. Als solcher ist er aber auch Substanz – nämlich Bewußtseins-Substanz – welche nicht nur allen Raum und alle Zeit durchdringt, sondern auch die Welt der Seele und der Erscheinungen als Ganzes. Er hat nicht nur in der Seele als seines ersten Erzeugnisses, sondern auch im Körper seinen Platz. So wie die Seele im Körper wohnt, so wohnt der Geist in der Seele; es ist wie ein Handschuh im anderen und so fort.

Diese Verknüpfung bzw. Einheit der drei Sphären des Seins macht uns Vieles deutlich. Denn es zeigt sich der Schöpfungsprozeß darin als ein Weg des Abstiegs, wo die Seele aus dem Geist und die Materie aus der Seele hervorgeht; dieser Akt bildet ja einen Bewußtseinsprozeß, in dem es letztlich der Nous ist, der all das bewirkt und aus sich hervorbringt, was er hervorbringt, um sich selbst darin anzuschauen bzw. das fassen und erfassen zu können, was er in sich trägt, wessen er sich aber noch nicht bewußt ist. Damit erweist sich das Leben des Geistes als Akt ewig neuer Bewußtwerdung und Selbstbetrachtung. Diese ist – ähnlich wie die aus der Hinwendung des Geistes zum Einen unentwegt fließende Selbsterfüllung –, wegen der überabzählbaren Unendlichkeit des dem Geiste immanenten Ideenkosmos, selbst ein Akt ewig neuer Erkenntnis bzw. geistiger Konkretion der Bedeutungsfülle jener Ideen in seinem Bewußtsein.

So wie das Leben des Geistes ewiges Hinblicken auf das Eine, gepaart mit reiner Selbstbetrachtung ist, ist das der Seele ein ewiges Zurückgehen in ihren Ursprung im Geiste, d. h. ein synchron geschehendes diskursives Durchlaufen immer-neuer empirischer Erfahrungen sowie der damit gekoppelten – ebenfalls diskursiven – Entfaltung der in ihr wohnenden Ideenfülle. Und wenn wir diese beiden Prozesse wirklich vom Prinzip her und ihrem Gesamtzusammenhang nach erfassen, dann erkennen wir, daß sie eine alle Dimensionen einbeziehende Einheit bilden.

Es ist ja auch ein Prinzip bzw. universelles Gesetz, daß die Ursache stets in der Wirkung enthalten ist. Daraus folgt unmittelbar, daß jedes Hervorbringende das aus sich Hervorgebrachte sowohl selbst durchdringt als auch umfaßt. Das gilt sowohl für den Geist, der die Seele, die aus ihm hervorging, innerlich durchdringt – in ihr wohnt und gegenwärtig ist, ja sich in ihr und durch sie offenbart und ausdrückt, als auch für die Seele, die die materielle Welt und die Körper, die ja allesamt aus ihr hervorgegangen sind, beseelt und umfaßt. Jedes Geschöpf, jede individuelle Seele sowie jede Zelle des Körpers und jedes Atom ist von Geist und Seele durchdrungen und umfaßt. Geist und Seele, ja die ganze Gottheit wohnt in allem und jedem als Ganzes ganz.

Daraus folgt weiter, daß die Seele nur dann zu sich kommen kann, also zu sich selbst findet, wenn sie sich als eins mit Geist und Leib erfährt. Nur in ihrer Einheit mit dem Geist, aus dem sie stammt, und mit dem Körper, den sie – vermittels des Logos – aus sich hervorgebracht hat, kann sie sich finden als das, was sie ihrem Wesen nach wirklich ist; denn im Geist hat sie ihren Ursprung, und deshalb zweitens auch dessen Ideenfülle keimhaft als Wesensbestandteil ihrer selbst in sich, und drittens ist der Körper in dem sie wohnt und den sie selbst erschaffen hat, eine unmittelbare Offenbarungsform ihres unoffenbarten Wesens, also des Geistes. D. h. es ist eigentlich der Geist selbst, der sich in beiden – Seele und Leib bzw. in deren Einheit mit ihm – ausdrückt, offenbart und erkennt.

Es ist also der absolute Geist, der der eigentliche Grund und Ursprung sowohl der Seele als auch des als Manifestation ihres Unbewußten aus ihr hervorgegangenen Körpers ist. Der dem Unbewußten innewohnende Drang ist es, der all die ihm innewohnenden Kräfte und Impulse sucht ins Bewußtsein zu heben. Die Natur des Geistes als Allbewußtsein ist es wiederum, sich sowie alles in ihm Seiende und aus ihm Hervorgegangene mit seinem Lichte zu durchleuchten. Das aber bildet das fundamentale Wesen des Geistes bzw. Gottes, daß Er als ewige Selbsterkenntnis, ein ewiges aus-sich-heraus und in-sich-selbst zurück Gehen ist.

Indem ich, der ich ein partikuläres Bild Seiner unermeßlichen Fülle bin, mich selbst erkenne, erkennt sich Gott in mir. Er erkennt mich als einen nach Verwirklichung strebenden Aspekt seines eigenen ihm immanenten, absolut vollkommenen, jedoch noch unbewußten Potentials – eben der unendlichen Fülle der Eide und Ideen. Geist und Seele sind es in mir, die sich in mir suchen, offenbaren, ausdrücken und erkennen wollen – und all das ist letztlich ein Akt des absoluten Geistes oder Gottes selbst. Deshalb sagen wir zu Recht: Mensch, erkenne dich selbst! Werde der du bist! Wer sich selbst erkennt, der wird Gott und den Ursprung des Universums (d. i. den Ursprung von Seele und Welt) schauen! Du bist all das; du bist Brahman, Tat twam asi!

Aus diesen Einsichten in die großen Zusammenhänge und damit, daß wir aus der Erkenntnis, daß die Ursache jeweils in ihrer Wirkung enthalten ist, Ernst machen, ersehen wir, daß der platonische Kosmos ein einziges unteilbares Ganzes ist, worin die Gliederung in Hypostasen und Entelechien zwar ein legitimer Akt des (diskursiven) Denkens ist, der aber der Realität, die wir „das Leben" nennen, nie und nimmer gerecht werden kann. Alles ist eins, Geist ist zugleich Seele und die Seele ist auch Körper, so bildet alles ein einziges Ganzes. Alles ist Brahman. Und das bist du!

Es gibt eine umfassende Beziehung zwischen Allgeist, Weltseele und Universum

These: Es gibt eine dynamische Beziehung zwischen Avidya (dem kosmischen Unbewußten), dem im Nous „akkumulierten Wissen" (=Erkenntnisfülle), der Weltseele (als energeia) und dem physischen Universum.

Der Schöpfungsprozeß, das ist der Hervorgang des Universums aus der Allseele bzw. dem Geiste, geschieht synchron (im Takt und Rhythmus) des Aktes der Selbsterkenntnis (-findung) des Geistes Gottes. Das In-Sich-Gehen und Aus-Sich-Heraus-Gehen Gottes (des

Geistes) ist ein und derselbe Akt, und ist identisch mit dem Akt der Selbsterkenntnis Gottes und der Schöpfung der Welt. Denn die Manifestation der Welt ist es, worin sich die Selbstentdeckung Gottes vollzieht.

Wie wir aus der Physik wissen, expandiert das Universum mit der Geschwindigkeit des Lichtes, da es sich mit dem Lichte ausdehnt. Der Radius des Universums ist ict, (das heißt, er wächst mit der Geschwindigkeit c, mit der sich das Licht ausbreitet.)

Das In-Sich-Gehen und Aus-Sich-Heraus-Gehen Gottes vollzieht sich in einem Akt. Mit Seinem In-Sich-Eintauchen-und-Hinein-Schauen schöpft Er energetisch substantialisierte Masse aus der Ihm immanenten Fülle der Ideen, die Er sodann im Aus-Sich-Heraus-Gehen als eidetisch bestimmte, aber stetig sich wandelnde Form ausgießt in Raum und Zeit. Denn Schöpfung ist – indem die geschaffenen Wesen und Dinge allezeit mit ihrem transzendenten Ursprung verbunden bleiben – nicht ein einmaliger Akt, sondern ein unaufhörlicher Prozeß. Veränderung ist die Wesensqualität alles Geschaffenen.

Gottes Sich-Nach-Innen-Wenden und Nach-Außen-Gehen ist von einem nach Innen-und-nach-außen-Strömen Seines Bewußtseins-Lichtes begleitet, in dem sich die äußere Welt beständig manifestiert und erneuert. Das Universum ist ewiges Werden – ein ewig sich Wandelndes.

D. h. aber, daß der Raum des Wissens Gottes oder des Allgeistes um sich selbst, d. i. der in Ihm akkumulierten Erkenntnisfülle bzw. des sich konkretisiert habenden Bedeutungsgehaltes der ihm immanenten Ideen, mit den beständig von statten gehenden Veränderungen des physikalischen Universums expandiert. Beide – die Expansion des Erkenntnisvolumens (Wissens) und die Expansion und Verwandlung des Universums, in der Er sich selbst betrachtet, gehen Hand in Hand und sind ein-und derselbe Prozeß.

Der Grund, das Potential bzw. Reservoir und Repertoire aus dem der Logos als die schöpferische Kraft des Geistes (Gottes) im Vollzug des Schöpfens schöpft, ist die Ideenfülle des Geistes als Ganzes, die das Unbewußte als Teilraum des Ideenkosmos mit einschließt.

Diese Ideenfülle (samt ihres unbewußten Anteils) ist selbst uner-schöpflich, als sie mit dem Hinblicken des Geistes auf das Eine und Sich-selbst-Erfüllen mit den Ideen, beständig wächst und dieses Wachsen kein Ende hat. Das Sich-mit-den-Ideen-Erfüllen, das Sich darin Selbst-Anschauen, sowie das Aus-Sich-Herausgehen, die Schöpfung hervorbringen, ihre beständige Expansion und die sich vollziehende Akkumulation von Erkenntnis des Geistes (in der Selbsterfahrung von Seele und Welt) bilden einen Akt und eine ein-zige Bewegung.

Die Expansion und beständige Wandlung der Welt entspricht da-mit der Expansion des Bewußtseins, d. h. des akkumulierten Wis-sens (Erkannten) im Raume des Unbewußten des kosmischen Geis-tes. Zu dieser Akkumulation von Erkenntnis um die Bedeutung der Ideenfülle gehört auch die ihres Wirkens und ihrer Wirksamkeit in der (empirischen) Welt der Erscheinungen – das ist im Ganzen die Wirksamkeit des Logos als des Umfassenden der Ideen.

Das Absolute als allererster Quell und Ursprung des Unbewußten innerhalb des Raumes der Ideenfülle bildet ja geradezu selbst das Paradigma der Unerschöpflichkeit des Unbewußten schlechthin, da es per definitionem selbst absolut unerkennbar, ohne jegliches Prä-dikat, weder ein Seiendes noch ein Nicht-Seiendes, also in jeder Hinsicht und bezogen auf jeglichen denkbaren Inhalt absolut unsag-bar und unbestimmbar ist. Das bildet gleichsam den Inbegriff des Aktualunendlichen, dessen Fülle sich ewig selbst transzendiert.

Das Eine oder Tao ist reine Potenz, reine Möglichkeit. Als diese ist es zugleich Ursprung des (absoluten, kosmischen) Unbewußten wie auch des kosmischen Bewußtseins.

Die Bewegung des Geistes, in der er sich mit den Ideen als den Anblicken des Einen erfüllt, ist demgegenüber ein beständig fort-schreitender Akt, in dem er sich nur asymptotisch dem Einen zu nähern vermag. Es ist ein Akt, der in einem ewigen Fortschreiten ohne Ankommen besteht. Da sowohl der Quell (das Eine), also auch die Senke (das ist der Geist) überabzählbar unendlich sind, aber auch die Bewegung des Geistes auf das Eine hin ein niemalsendender Prozeß ist, ist er von unendlicher Dauer, also ein ewiges über- und unzeitliches Geschehen.

Damit können wir sagen: Das Leben des Geistes ist ewiges Bewußtwerden in Form reiner Akkumulation von Wissen und Energie – die sich zum einen in dem mit dem Hinblicken auf das Eine Sich-Erfüllen mit den Anblicken Jenes und zum zweiten in der steten Betrachtung des andauernd neu aus ihm Hervorgebrachten besteht. Darin erkennen wir ein ewiges Wachsen der Fülle des Unbewußten in Form reiner Potenz sowie der niemals endenden Umwandlung und Überführung unbewußter Kräfte und Inhalte in reine Erkenntnis. Diese vollzieht sich vermittels der stetigen Produktivität des Geistes, die sich in einem Akt unermüdlichen Hervorbringens und Erneuerns der Weltprozesse konkretisiert. Damit sind wir wieder bei unserer Ausgangskonstatierung angekommen: Alles Sein und Werden ist ein ewiger Prozeß zeitlichen und überzeitlichen Bewußtwerdens.

Abstrakte Erkenntnis und konkretes Leben

Wie jedes individuelle Leben in seinem Verlauf mit keinem anderen vergleichbar und als solches unik ist, ist es auch selbst als Ganzes etwas vorher noch nie da Gewesenes. Es sind keine zwei Individuen bzw. individuelle Leben identisch oder miteinander vergleichbar. Und so hat jedes – egal wie ähnlich das eine mit einem anderen sein mag – seine ganz spezifischen Ausdrucksformen und numinosen Unterschiedlichkeiten und Eigenarten, die das Ganze der Gattung und des ihr zugrundeliegenden Eidos um eben jene numinosen und uniken Momente ergänzen und bereichern. Diese numinosen Unterschiede sind gerade das, worin sich das tiefere Selbst-Erkennen des Geistes vollzieht.

Und so ist es auch mit jedem einzelnen singulären Geschehen oder Ereignis – wie des kurzen Lebens einer Mücke, das Erblühen und Verwelken einer Rose, Nelke oder Kirschblüte, aber insbesondere jeder Lebensvollzug oder Erkenntnisakt einer individuellen Seele irgendwo im Universum, daß es das (Wissens-, Erkenntnis-

und) Erfahrungsvolumen des kosmischen Geistes oder Gottes um eben das ihm unik Eigene vermehrt, erweitert und vertieft.

Auch jedes echte Kunstereignis, jedes Lied, das gesungen, jedes Musikstück, das gespielt wird, ist eine Manifestation eines Licht-Strahls der Idee des Schönen. Genauso ist jedes gute Werk, jede Liebeshandlung, jede Geste des Herzens, jeder liebende Blick ein Strahl der Idee des Guten. Und wie jeder dieser Momente einer Manifestation des Schönen oder Guten sich unbegrenzt in Raum und Zeit ausbreitet, so bewirken diese Momente ihrerseits eine Bereicherung des Erfahrungsschatzes des absoluten Geistes und damit eine Vertiefung und Vermehrung der Erkenntnis seiner selbst.

So ist es mit allem, was sich in Raum und Zeit ereignet, daß es zum einen die Konkretion eines Strahles des Ideenkosmos ist, und zum anderen gleichzeitig eine zu ihm zurückkehrende Bereicherung seines Erkenntnisstandes. Das bedeutet, daß jeder singuläre Erkenntnis- oder Bewußtseinsakt eines jeden individuellen Wesens zugleich ein Bewußtseinsakt des Höchsten Geistes ist, mit dem wir ja eins sind. Wenn wir das einmal erkannt haben, geht es nicht anders, als daß wir allaugenblicklich von Ehrfurcht vor dem Leben und Demut vor dem Großen Ganzen, das sich ja im konkreten Kleinen offenbart, erfüllt sind. Es ist die Wahrnehmung des sich in All und allem offenbarenden und es umhüllenden Geistes, die diese Welt und unser tägliches Leben verklärt.

Und wie auch jede wahre Begegnung eine Bereicherung (des Erlebnis- und Gefühlsraumes) beider einander begegnenden Personen ist, ist es auch eine für die Weltseele als Ganzes und auch des absoluten Geistes, der ja als Zeuge an allem Geschehen partizipiert.

Dehnen wir diese Erkenntnis auf das Mosaik der Individuen aus, so möchten wir begreifen, daß – wie jedes ein ganzes Universum ist – sie alle zusammen in ihrer Gemeinschaft nicht nur die ganze Weltseele bilden, sondern sie diese – ähnlich den Waben eines Bienenstocks in einzelne Zellen gliedern, die in komplementärer Koinonie den ganzen Seelenraum eidetisch bestimmen (qualitativ differenzieren). Der Erfahrungsraum aller zusammen ist ja umfangreicher als der der Weltseele im Ganzen, da die einzelnen Seelenräume sich in ihren Erfahrungen vielfältig gegenseitig überlappen.

Wenn wir das einmal erkannt haben und in diesem Bewußtsein verankert bleiben, wird die Unterscheidung von *Heilig* und *Profan* endgültig aufgehoben sein. Denn es sind das konkrete Kleine und der profane Lebensalltag, die selbst das Heilige offenbaren und selber sind. In diesem Sinne hat die große indische Tänzerin Guru Rohini Bhate einmal gesagt: „Ich habe mein Leben lang getrachtet, den Raum, in dem ich mich bewege, nicht zu verletzen." Das ist dann ein Leben im Allbewußtsein.

3. Ewigkeit und Zeit als die wesenhaften Lebensformen von Geist und Seele

Die höchste und intensivste denkbare Form des Lebens einer bewußten Seinsform oder Wesenheit ist ewige Empfängnis und Selbsterfüllung aus der unerschöpflichen Fülle des absoluten Einen oder Tao. Die höchste Seinsform als solche aber ist der absolute Geist, der aus dem Einen hervorgeht und sich in der ewigen Rückschau auf das Eine, aus dem er hervorgeht selbst konstituiert. Diese Selbstkonstitution besteht in ewiger Selbstbetrachtung – einem ewigen In-Sich-Hinein- und Aus-Sich-Heraus-Gehen, in dem er sich ewig sucht und findet. Dieses Sich-Selbst-Finden ist ein beständiges Bewußtwerden seiner selbst und all dessen, was er – mit der Selbsterfüllung aus der Hinschau auf das Eine – in sich aufgenommen und in sich hat.

Es geschieht im Hinblicken auf das Eine, daß sich der Geist mit den Anblicken des Einen, die er im Hinblicken auf Jenes in sich faßt und bildet, erfüllt. Dieses Sich-Erfüllen ist – wegen der unerschöpflichen Fülle des Einen, das ja das alltranszendente Absolute ist – ein ewig fortschreitender Prozeß. Es geschieht jedoch im Moment des Hervorgangs des Geistes aus dem Einen, daß der Geist unmittelbar und auf einen Schlag ein gewaltiges Potential an Kraft und Qualitäten aus jenem Einen empfängt und sich damit erfüllt. Dieser Anfang geschieht mit großer Wucht wie ein Urknall und setzt sich sodann ewig und unerschöpflich fort.

Als diese höchste Seinsform ist der Geist das reine absolute Sein selbst, das alle Seinsvollkommenheit in sich trägt. Er ist nicht Bewußtsein, sondern ewiges Bewußtwerden, also Seinsform, die in dem ewigen In-Sich-Selbst-Hinein-Gehen, sich selbst mitsamt der ihr inhärenten Ideenfülle ewig neu ergründet.

Das Leben des Geistes ist also nicht – wie Plotin es noch sagte – Einheit, die alle Vielheit als reine Fülle und ungeteilte Ganzheit ewig in sich hat und ganz in sich behält, sondern ewige Morgendämmerung ewig-neuer Selbsterkenntnis.

Während das Eine ewig „pulsierend" in sich verweilt und weder ein Dieses noch ein Jenes ist, sondern alles auf einmal und doch keines von allem und damit absolute Potenz, die sowohl Seiendheit als auch Bewußtheit stiftet, ist der Geist schon Bewußtwerden in der Zeit. Mit ihm nimmt die Zeit ihren Anfang und in ihm hat sie ihren Fortgang. Obwohl der Geist seinsmäßig absolute Vollkommenheit ist, ist sein Erkennen ewiger Aufstieg zu sich selbst.

Ewig ist, was weder Anfang noch Ende, weder einen Ursprung noch einen Ausgang hat. Und das gilt nur vom Einen oder Tao. Nur das Eine ist jenseits aller Veränderlichkeit und auch jenseits aller Unterschiedlichkeit und Prädikate überhaupt. Von ihm kann nichts ausgesagt werden – nicht einmal, Sein oder Nicht-Sein kann ihm beigefügt werden, vielmehr steht es über Sein und Nicht-Sein – ist ein Überseiendes. Ihm kann weder etwas zugefügt, noch etwas weggenommen werden. Es ist allein, über allem – solo – ab-solutum, ein in sich selbst Ruhendes und sich selbst Genügendes. Es ist seiner selbst übervoll und obwohl ewig über sich selbst hinausfließend sich niemals verringernd. Obwohl es allezeit gibt, verweilt es unbewegt in sich. Und obwohl es selbst weder Sein noch Seiendes ist, ist es dasjenige, das Sein und Geist, Bewußtsein und Leben, allererst ermöglicht und hervorbringt. Es kann als ewiger Übergang von Nicht-Sein in Sein, d. h. als ewiges Werden des Seins angesprochen werden. Als solches ist es absoluter Quell und höchster Ursprung von allem.

Der Geist aber hat schon einen Anfang. Er ist Sein und Bewußt-werden, und hat im Erwachen des Bewußtseins aus der Tiefe „der Urnacht" seinen Anfang. Sein Wesen ist ewige Erforschung und Bewußtwerden seiner selbst. Dieses Bewußtwerden besteht in einer ewigen Bewegung zu sich selber hin, in einem andauernden Fluß, nicht aber in einem statischen Bewußtsein. Selbst wenn sich die In-halte des Bewußtwerdens nicht ändern, weil sie selbst unveränder-lich sind, ist dieses Bewußtwerden doch stets ein dynamischer Pro-zeß. Und als dieses ewig neue in sich gehende Selbst-Erkennen taucht der Geist immer tiefer in die grundlose Tiefe seiner selbst, die er von Anfang an im Hinblicken auf das Eine mit in sich selbst ge-bildeten Anblicken jenes Einen erfüllt hat. Diese Anblicke bilden die Fülle aller möglichen und wirklichen Urqualitäten, die Sein und Bewußtsein annehmen kann, und die wir als Eide und Ideen be-zeichnet haben.

Als das, was jenseits von Sein und Nicht-Sein steht, ist das Eine dasjenige, was Sein erst ermöglicht und ewig neu hervorbringt. Des-halb haben wir es auch als den Höchsten Quell benannt.

Das aber ist das Leben des Geistes, daß er sich ewig neu mit sol-chen Anblicken erfüllt, die er sodann in einem schöpferischen Akt aus sich hervorbringt und in Raum und Zeit manifestiert. Und die erste dieser Manifestationen ist die Seele. Sie ist das erste und um-fassendste Bild des Geistes, das er aus sich erschaffen hat, um sich darin selbst auszudrücken und zu erkennen.

Die Seele wiederum ist – wie wir oben dargelegt haben – nicht nur Bild des Geistes, sondern die erste Manifestation der dem Geiste innewohnenden Ideen-Fülle in keimhafter Form. Während das Le-ben des Geistes ewiges sich Selbst-Erfüllen und zugleich Sich-Selbst-Betrachten ist, ist das Leben der Seele ewiger Rückgang zu sich selbst (und ihrem Ursprung im Geiste) und Verwirklichung der in ihr latenten Fülle. Während diese Fülle im Geiste ewig wächst und sich selbst erneuert, besteht das Leben der Seele darin, diese Fülle – soweit sie an ihr teilhat – realiter in sich zur Entfaltung bzw. zur Manifestation zu bringen und damit in Raum und Zeit zu offen-baren. Das aber ist der Anfang der Schöpfung der Welt.

Zeit ist das in die Vielheit des Nacheinander auseinanderfließende Bild des zeitlosen Jetzt. Wie das Jetzt das Leben als einheitliche Ganzheit in sich enthält und umfaßt, so ist Zeit das Auseinandertreten der ungeteilten Einheit des Lebens in seine Momente. Dadurch emanzipiert sich das Viele von der Einheit des Ganzen und wird in dem In-Erscheinung-Treten des partikulären Einzelnen selbständig.

Die Zeit entsteht mit der Bewußtwerdung und Auseinanderlegung der Bedeutungsgehalte der einzelnen Ideen im Geiste und spiegelt sich im Prozeß sukzessiver Selbstentfaltung der All-Seele in die einzelnen Seelenkerne sowie der Seelenkerne in ihre vielfältigen Aspekte und Momente. Die individuelle Seele gewinnt darin ihre spezifische Eigenständigkeit, daß sie in einem Akt ursprünglicher Spontaneität ihr je besonderes Eigensein gegen die ungeteilte Ganzheit der Allseele und darüber hinaus des Seins (=des Geistes) schlechthin zum Ausdruck bringt und damit aus der Anonymität des Ganzen heraustritt. Das ist der Akt der Individuation der Seele. Ihr Individuationsprinzip (Sanskrit: Ek-aham) aber ist der Logos.

Ist das Eine noch ganz und gar es selbst ohne jegliches Anderes, so ist der Geist – obwohl selbst noch ganz ununterschieden eins – als Totalität der Ideen doch schon Grund alles Anders-, Dies- oder Das-Seins eines Selbigen. Selbst noch ungeteiltes Sein, trägt er die Vielheit aller Unterschiedenheit schon als Potential ungeschieden in sich.

Die Unterscheidungskraft sowie die Fähigkeit der Differentiation und Auseinanderlegung des Geistes ist der Logos. Er ist es, durch den sich der undifferenzierte Geist zuallererst im Schauen auf das Eine mit der Fülle der Eide und Ideen erfüllt und er ist es, durch den diese Fülle in geschiedene Vielfalt auseinandertritt. Diese Fülle bildet gleichsam die schöpferische Kraft, Substanz und Potenz des Logos, die jedoch erst im Akt zur Offenbarung kommt.

Trägt der Logos ursprünglich noch alle Fülle potentialiter (als reine Potenz) ungeschieden in sich, so bringt er sie im Akt schon zur Entfaltung. Und – wie wir sahen – ist die erste Entfaltung des Logos in Raum und Zeit die Seele.

Der Logos ist also selbst zugleich Form- und Individuationsprinzip. (Vergl. Plotin, En. V, VII, (18), 1, 18) Als solcher ist er nicht mehr ein einziges Eines, sondern ein in Vielheit gegliedertes Eines. Die unendliche Zahl der Logoi oder Atoma Eide (=partikuläre Individualitäten), die in der Weltseele geborgen liegen, bringt die Diversität (ετεροτης) der individuellen Seelenvielfalt mit sich und durchwaltet so den ganzen Kosmos. Das aber sind die Individualitäten, als Manifestationen der ins Sein gerufenen Atoma Eide, die der Allseele vom Logos her eingezeugt sind. Darum sagte schon Heraklit: "ψυχης εστι λογος εαυτον αυξων" – „Die Seele ist jener Logos, der sich unbegrenzt aus sich selbst entfaltet."

Bestimmt die ursprüngliche Einheit des Einen das Eine dazu, daß da, wo es zum Prinzip des Vielen wird – und das ist ja der Geist –, das Viele noch als ungeschiedene Vielheit in der umfassenden Einheit des Logos beisammen liegt, so werden die ungeschiedenen Eide und Ideen erst auf der Stufe der Seele durch die Formkraft des Logos geschieden und als unterscheidbare Entitäten und Individualitäten manifest. Sind sie in Sein und Geist noch Potenz, was im Eigentlichen höchste transzendentale Verwirklichung bedeutet (εκεινος, eben in überseiender Weise), so sind sie in der Seele schon Akt. Damit aber nehmen Individuation und Vielheit ihren Anfang in Raum und Zeit. Hierbei nennen wir die einzelnen sich manifestierenden Entitäten individuelle Seelen, ihre zahlenhafte Mannigfaltigkeit aber Kosmos.

Bildet der Logos das *Prinzip* der Individuation, so ist die Seele bereits *Medium* und *Entität*, in dem sich die Individualität manifestiert.

Der Logos der Seele ist *das ursprünglich Individuelle*, durch dessen Selbstentfaltung Individualität überhaupt erst zustande kommt. Indem sie sich durch Annahme eines spezifischen Momentes oder Eidos aus der All-Einheit des Geistes heraushebt, tritt die Seele erst in eine Vielheit von Seelen und damit auch in Weltseele und Einzelseelen auseinander. (Plotin, En. III 9, 1, 32 – 34)

Die Seins- und Entfaltungsform der sich individuierenden Seele, ihr sich im Unterschied bestimmendes individuelles Leben, ist die

Zeit. Die Seele tritt aus der Einheit des Seins heraus, um sich selbst zu besitzen. Selbstbesitz ist aber nur durch Selbstbewußtsein (συναισθεσις) möglich, nämlich dadurch, daß sich ein Ganzes seiner selbst gegenwärtig ist und sich selber darin weiß und hat. Dieses Ganze aber ist ursprünglich die All-Einheit des Seins im Geist. Um sich selbst in ihrer Ganzheit und ihrer wesensmäßigen Einheit zu verwirklichen, strebt die Seele zurück in die Ganzheit des Seins, aus der sie im Akt der Individuation herausgetreten ist.

Damit erweist sich die Seele als gestalthafte Entfaltung der dem Geiste innewohnenden Fülle des Lebens als Bewegung. Sie ist ein Bild des Ideenkosmos und ihr Leben besteht in der je spezifischen Verwirklichung und Manifestation jener Fülle gemäß ihres eigenen Eidos.

Sie ist also die erste Entfaltung des Logos in der Zeit und erst durch sie entsteht die sinnliche Welt. Mit dem Entstehen der Welt der vielfältigen Erscheinungen erst tritt die Seele in den Prozeß zeitlicher Entfaltung ihrer selbst. Dennoch ist das Leben der Seele kein punktuelles oder diskretes Erleben in sich isolierter Momente, sondern steht es in der Kontinuität des Flusses des Bewußtseins, indem es alles Vergangene und Gegenwärtige im Nu des Jetzt als Ganzes umfaßt. Nun steht zwar das in der Seele abrollende Leben samt der durch es bewirkten Erfahrung unter der Herrschaft von Zeit und Wandel, nicht aber die Seele selbst, als ουσια oder Wesen. „In den Bewegungen der Seele ist Früheres und Vergangenes, nicht aber in der Seele selbst; da sind alle Formbestimmtheiten (λογοι) in ihr gleichzeitig da." Nur die in ihrem inneren Organ auftretenden Überformungen und Prägungen unterliegen dem Wandel, nicht aber ihr Wesen und ihre Natur selbst. Deshalb ist wohl die Zeit in der Seele, nicht aber die Seele in der Zeit. Was sich wandelt, ist ihre qualitative Überformung, nicht aber ihre Natur. Hinsichtlich ihres inneren Lebens ist sie das erste Wesen, das sich in der Zeit entwickelt. Hier nimmt das Prinzip der Evolution als explicatio der in der Einheit des Geistes eingefalteten urbildlichen Vielheit seinen abbildlichen Anfang. Obwohl der Geist als ewiges Bewußtwerden selbst dynamisch ist, ist er seiner Substanz (ουσια) nach unwandelbar, vollkommen und überzeitlich, während sich die Seele diskursiv in der Zeit entfaltet. Das bedeutet, daß der Weg der Seele – wie bereits gesagt – ein Weg zurück in ihren Ursprung ist. Das heißt aber, daß sie sich in ihre göttliche Urqualität, die sie aus ihrem Ursprung mitgebracht hat und die – trotz aller Durchgänge und Überformungen, die sie erfahren hat – allezeit ihr unzerstörbares und unwandelbares Wesen ausmacht, zurückverwandelt. Wie wir sagten: Das Wesen der Seele und ihre Bewegung, ihr Leben, ist ihre Rückwendung zu ihrem Ursprung im Geist. Die Substanz (ουσια) der Seele ist reine göttliche Liebe, ihr Leben ist ewiger Rückgang in Gott.

Das wesensmäßige Verhältnis zwischen Seele und Geist besteht in der allumfassenden Liebe. Der Geist als Ursprung umfaßt und durchdringt die Seele in Liebe und die Seele sucht ewig in ihn als ihrem Ursprung zurückzukehren. Baruch Spinoza hat dieses Verhältnis zwischen Geist und Seele in seiner *Ethik* in unübertrefflicher Schönheit zum Ausdruck gebracht. Es heißt da: „Die geistige Liebe der Seele zu Gott ist Gottes Liebe selbst, womit Gott sich selbst liebt, nicht sofern Er unendlich ist, sondern sofern Er durch die Wesenheit der menschlichen Seele sich offenbart und darin sich selbst findet." (Ethik, LS 36) In diesem Gedanken finden wir auch die metaphysische Begründung für das Obligat der Selbstliebe der individuellen Seele zu sich selbst: „Ich bin Seele – ich bin Liebe – bin ein Abbild des absoluten Geistes und habe alle Vollkommenheit in mir. ... Ich und der Vater sind eins." Meister Eckhart hat diesen Imperativ der Selbstliebe in seinen Predikten als elementare Maxime gefaßt: „Hast du dich selber auf die rechte Art lieb, so hast du alle Menschen lieb wie dich selbst. Solange du einen Menschen weniger liebhast als dich selbst, gewannst du dich selber nie wahrhaftig lieb. Nur mit dem sich auf rechte Art liebenden Menschen steht es gut, so daß er alle Menschen liebhat wie sich selbst." Darin verwirklicht die individuelle Seele ihre wahre Natur, daß sie sich vermittels gelebter Allliebe als eins und identisch mit der Allseele erfährt.

Als Abbild des Geistes strebt die Seele ewig nach Verähnlichung mit dem absoluten Geiste als ihrem Ursprung, was sie in der Verwirklichung der ihr vom Geiste her keimhaft innewohnenden Vollkommenheiten und in der schlußendlichen mystischen Einung mit ihm vollzieht.

Während der Geist also alles Leben und alle Fülle der Ideen aus seinem Ursprung ewig neu empfängt und wieder ausgießt, ist es der Weg der Seele, diese erst diskursiv in der Zeit zu *erfahren*, um sie in sich zu entfalten und zu verwirklichen. Was dem absoluten Geiste aus seinem Ursprung wesenhaft eingezeugt ist und immerdar zukommt, bringt die Seele diskursiv aus ihren Anlagen zur Entfaltung. Es ist die jeweils erlebte Erfahrung und die aus ihr fließende Erkenntnis, die sie zur Verwirklichung dieser oder jener Qualität führt. Obwohl ihrem Wesen nach göttlich, realisiert sie diese ihre göttliche Natur erst in ihrem Rückgang zu ihrem Ursprung im absoluten Geiste. Das vollzieht sie, indem sie lernt, die Liebe zu leben, die sie ist.

Im nicht-erwachten oder unbewußten Zustand identifiziert sich die Seele erstmals jeweils mit jenen Qualitäten, von denen sich das Mind überformen ließ. Und das sind – je nach innerer Ausrichtung – die Qualitäten der aus dem Geiste fließenden Ideen – oder aber jene der aus den Sinnen stammenden Sinneswahrnehmungen und von ihnen abgeleiteten Vorstellungen. Somit bildet das in der Seele jeweils wirkende Denken und Betrachten samt seinen Vorstellungen die unser gesamtes Seelenbewußtsein überformende Sicht von Welt und Selbst.

Löst sie sich von der Macht des Verstandes (=Avidya oder Unvernunft) und der in ihm begründeten Identifikation mit den Momenten der sinnfälligen Welt und ihrer individuellen Form, so kann sie in der Einkehr zu sich selbst und in die Tiefe des Herzens zur Erkenntnis und Verwirklichung ihrer wahren Natur und damit zu ihrem transzendentalen Ursprung im Geiste und den darin begründeten Urqualitäten von Liebe und Weisheit zurückfinden. Der in ihrem Herzen tätige Logos ist es, der sie nicht nur darin leitet, sondern sie als ihr Hegemonikon darüber hinaus zur Verwirklichung und Manifestation der dem absoluten Geiste als ihrem wahren Grund und Ursprung innewohnenden Ideen führt.

Auch hier haben wir ein Wort Meister Eckharts, der diesen Wesenszug der Seele treffend zum Ausdruck bringt: „Die Seele ist geschaffen an einem Ort zwischen Zeit und Ewigkeit, die sie beide berührt. Mit ihren obersten Kräften berührt die Seele die Ewigkeit, mit den niedersten aber die Zeit. Seht: So wirkt sie *in* der Zeit, nicht aber *nach* der Zeit, vielmehr auf die Ewigkeit hin, die sie mit den Engeln gemeinsam hat. ... das aber ist ihr Aufgang in der umfassenden Einheit des Seins."

Das aber ist gleichbedeutend mit ihrem angeborenen Streben nach Seinsvollendung in der Schau der reinen Ideen oder des absoluten Einen selbst als ihrer transzendentalen Mitte. Die Anschauung des Wahren qualifiziert sie zu Erkenntnis und Weisheit, die Anschauung des Schönen zur Liebe und die des Guten zu Vervollkommnung der Tugend. So gelangt die Seele auf dem Wege der Erfahrung in der Zeit zu ihrer Vollendung nach dem Bild und Gleichnis der Ideenfülle des Geistes. Läßt sie sich jedoch von den Eindrücken der Sinne und den aus ihnen gebildeten Vorstellungen überformen, so sinkt sie herab auf die Ebene des sinnlich erfahrenen Stoffes.

Es ist ein geistiges Gesetz, daß die Seele jene Qualitäten annimmt, die sie von den Gegenständen ihrer Schau in ihrer Ausrichtung verinnerlicht. Wo die Seele nämlich vermittels ihres Bewußtseinszentrums bzw. Denkorgans in ihrer anfänglich jungfräulichen Verfassung noch aller Qualitäten völlig bloß und ungebildet ist, das heißt in ihrer ersten Unschuld steht, da ist sie noch reines Empfänglichsein, das sich ganz und gar von jenem formen und überbilden läßt, was sie wahrnehmend und denkend in sich aufnimmt. Da ist sie weder gut noch nicht gut, weder liebend noch nicht liebend, weder weise noch nicht weise, sondern in der Verfassung ungeformter Lauterkeit nach dem Bilde des reinen Seins. Die Fülle des Seins ist da in ihr noch latente und unverwirklichte Potenz. In diesem ersten Stand trägt sie jedoch schon unauslöschlich alle göttlichen Qualitäten des Geistes als auch deren Gegenteil potentialiter in sich. Das ist der Effekt des kosmischen Unbewußten (Avidya), daß sie alle möglichen Seinsqualitäten sowohl in positiver als auch in ihrer negativen Form keimhaft in sich trägt.

Ihr Weg und Schicksal wird erst durch ihre willentliche Zuwendung zu diesem oder jenem Ding oder Inhalt und der daraus fließenden Erfahrung durch diese oder jene Qualität, Tugend oder Untugend, Weisheit oder Torheit u. dgl. qualifiziert. Und weil sie anfangs beides in ihrem individuellen Geiste als ungeschiedene Möglichkeiten potentialiter in sich trägt, sich also entweder nach den oberen Vollkommenheiten des Geistes (das heißt dem ihm immanenten intelligiblen Kosmos) oder den unter ihr liegenden Mängeln der sinnfälligen Welt richtet und je nach dieser Ausrichtung auch bildet, sagen wir, daß die Seele anfangs den ganzen Raum und die ganze Spanne zwischen Ewigkeit und Zeit, Geist und Welt, Sein und Nicht-Sein, Selbstgenügsamkeit und Mangel, der Vernunft des Logos und der Unvernunft der Hyle (des ungeformten Stoffes) in sich umfaßt und überspannt. Die Vernunft (λογος) ist ihre obere Natur, Unvernunft (Unwissenheit oder Avidya) ihre untere. Die Unvernunft samt den anderen ihr zugehörigen Neigungen und Mängeln aber nennen wir nach Plato kurz Begierde (επιθυμια). Damit ist im Großen und Ganzen das Unbewußte (αμαθια) in seiner Gesamtheit gemeint. Dieses manifestiert sich zum Einen in der Vorstellungswelt des Verstandes, der den Gegenpol zur reinen Vernunft oder göttlichen Intelligentia bildet, zum anderen aber in den archaischen Kräften von Leib und Seele, das ist in den Trieben, Begehrlichkeiten, Wünschen und Emotionen, die versuchen, den Menschen zu beherrschen und zu binden.

Somit bilden höhere Vernunft und Begierde die beiden Pole bzw. die doppelte Natur des individuellen Geistes bzw. Bewußtseinszentrums der Seele. Hierbei verkörpert die Vernunft (der Logos) jene Kraft, die sie zurück in ihren Ursprung, das ist zu ewig neuer Seinsvollkommenheit und Lebensfülle, die Begierde aber diejenige, die sie nach unten in die Materie und die Verhaftung an die Welt der sinnfälligen, vergänglichen Erscheinungen und des Todes zieht.

Das ist auch eine der ursprünglichen Bedeutungen der Parabel vom Baum der Erkenntnis und des Sündenfalls. Der Logos als das der Seele einwohnende Wort Gottes hat die Seele gewarnt: „So du davon issest, wirst du sicher sterben!" Der Baum der Erkenntnis versinnbildlicht die sinnfällige vergängliche Welt der Erscheinungen und ihre verstandesmäßige Deutung. Wer sich an sie oder einen ihrer Gegenstände bindet oder verliert oder sich mit ihren Erscheinungen identifiziert, erntet Weh, Leid und Tod. Wenn dasjenige, woran wir uns mit Herz und Seele hängen, vergeht, so erscheint es uns als würden wir selbst damit vergehen. Wir sterben mit ihm und halten uns selbst für vergänglich. Wir erfahren Angst und Sorge, Alter und Tod. Sie alle sind Früchte von Verhaftung und falscher Identifikation unserer Seele mit den Erscheinungen der phänomenalen, vergänglichen Welt.

Die vedischen Schriften sprechen von „Sukha-Dukha" – der Dualität von Sinnesverhaftung und Leid; es ist die Verhaftung der Sinne und ihres Begehrens, die Leid hervorruft. Wer sich von aller Sinnesverhaftung und falscher Identifikation (auch mit den Aspekten seiner Individualität und Kreatürlichkeit) löst und im transzendentalen Grund (Brahman) seiner Seele (Jiva) aufgeht, findet letztendliche Befreiung aus jenen begrenzenden Bindungen der Seele und mit der festen Verankerung im Allbewußtsein Gottes zu höchstmöglicher Seinsvollendung. Erst in der durch die Einung der Seele mit dem Logos gestifteten Erfahrung der Unzerstörbarkeit und Unauslöschlichkeit des „ICH BIN GOTT" bzw. Aham Brahmasmi – Ich bin Brahman –, werden Angst und Tod ein für allemal überwunden und aus der Seele verbannt. In der Erkenntnis des Logos als ihr ursprüngliches und wahres Wesen erfährt die Seele ihre Unsterblichkeit, wie es heißt: „Tod, wo ist dein Stachel, Hölle, wo ist dein Sieg?" oder: „I am not this body, I am not this mind, I am Bliss Absolute."

Wer auf seine innere Stimme, die sich als Gewissen, Intuition, höhere Erkenntnis oder aus dem Herzen quellendes Gefühl äußert und eine Manifestation des der Seele eingeborenen Logos ist, hört, den führt er von innen her auf seinem Wege zur Verwirklichung der absoluten Wahrheit. Wie der Geist, so hat auch die nach seinem Bilde geschaffene Seele von Anfang an einen freien Willen und erst durch seinen vernünftigen oder unvernünftigen Gebrauch entscheidet die Seele ihre Zukunft und ihr Schicksal, ihren Weg ins Licht oder in die Lichtlosigkeit, ins Sein oder Nicht-Sein. Darin, daß sie ursprünglich frei ist und ihr Schicksal selbst frei zu entscheiden vermag, besteht ihre wahre Ebenbildlichkeit mit dem Geiste Gottes und die darin gründende Würde. Folgt sie dem Sog der „Begierde", so droht sie vorübergehend dem Mangel und dem Nicht-Sein der unbelebten Hyle zu verfallen, folgt sie dem Impetus des Geistes, so wird sie selber Licht und als solcher ein-für-allemal in dessen überirdischer Glorie verklärt. Das nennt man aber Parusie, die vollständige Überformung der Seele in der überzeitlichen Fülle und Gegenwart der Vollkommenheit der Ideen.

Die Zeit schreitet fort, weil δυναμις und ενεργεια der aus dem Geiste in die Seele fließenden Urbilder die Seele zu ihrer Verwirklichung drängen. Sie sucht immerfort zu neuen Erkenntnissen ihrer selbst zu gelangen, sich darin von der Macht der Illusion zu befreien und die Fülle des Seins anzueignen, um schließlich das Ganze, Gott oder den Nous, in innerer Einung auf ewig in Besitz zu nehmen.

Um dahin zu gelangen, ist es aber unumgänglich, sich den Herausforderungen des Lebens und der Welt zu stellen, und die damit ins Bewußtsein tretenden Themen und Lernaufgaben wahrzunehmen und zu meistern. Die dabei in unserem Herzen verankerte Ausrichtung auf die Ganzheit des Ewigen bringt den Primat der Zukunft in unser diskursives Leben, Streben, Denken und Sein und verleiht ihm damit sein Gerichtetsein. Wo im Geiste allezeit ungerichtete Wirklichkeitsvollendung im ewigen Jetzt eines Überzeitlichen waltet, erfordert die Arbeit an sich selbst eine Grundhaltung echter Selbstliebe und Gelassenheit, daß wir nicht den leicht von unserem Ego produzierten Ansprüchen erliegen.

Diese Diskursivität von Leben und Erkennen bewirkt zwar ein sukzessives Voranschreiten der Seele in ihrer Entwicklung, hält sie aber noch in der Zerstücktheit des Lebens als Folge der Wirksamkeit der Zeit gefangen. Diese Begrenzung und Gefangenschaft von Seele und Denken in der Zeitlichkeit kann nur in der Ekstasis, dem Heraustreten aus der Gebundenheit in Raum und Zeit, temporär überwunden werden. Diese Ekstasis, die gleichermaßen als zeitliche Vorwegnahme der Seinsvollendung in der Ewigkeit erlebt wird, hilft die Fesseln des Verstandes und der emotionalen Verhaftungen zu sprengen und die Seele auf eine höhere Schwingungsebene zu heben. Das aber ist das Erleben des Kosmischen Bewußtseins, in dem die Seele die Begrenzungen des Verstandes für immer sprengt und das es ihr ermöglicht, wann immer sie will, in die Transzendenz des absoluten Geistes, der in ihrem Herzen beheimatet ist, aufzusteigen.

Die diskursive Form der Selbsterforschung und das gleichsam als Akt der Gnade erfahrene spontan erlebte Herausgehoben-Werden aus dem Gang der Zeit bilden die beiden stärksten Momente, die die Seele auf ihrem Weg der Reinigung und Heilung zur Verwirklichung ihrer ursprünglichen Göttlichkeit voran bringen.

So wächst die Seele ihrer Vollendung in der Ewigkeit doch nur in der Zeit entgegen. Erst wenn sie das diskursive Denken und Betrachten in der zeitlosen Stille des Seins und seiner Fülle für immer übersteigt, kommt sie mit der Erkenntnis und Verwirklichung der ihr ewig einwohnenden mangellosen Seinsfülle ans Ziel, das sie selbst ist.

In diesen Bahnen denkend finden wir die wesentlichen Charakteristika der Zeit – ihre Sukzessivität, Kontinuität und Gerichtetheit – in der diskursiven Struktur des Lebens und Erkennens der Seele begründet, die sich selbst besitzen will, dies aber nur kann, indem sie sich selbst sucht, und im Sich-Finden jene höchsten Qualitäten des ihr innewohnenden Geistes offenbart, die dieser vom Einen her immer schon ist und in sich hat.

Oftmals beklagt sich die Seele über den schicksalsbestimmenden Charakter der vorgefundenen empirischen Welt und ihrer Bewohner und verkennt dabei, daß sie selbst es ist, die in ihrer Wesenseinheit mit dem Logos alle Lebewesen erschaffen und ihnen Leben eingehaucht hat. In Wahrheit ist sie selbst es, die all das ist und tut, was sie lange als „Außen" ansah und auch subjektiv als solches erlebte. Wenn sie aufhört, sich in ihrer Individualität als vom Ganzen getrennte Wesenheit wahrzunehmen, die von den Wesen und Dingen, die das Universum bevölkern, getrennt und deren Willkür ausgeliefert wäre, wo sie erwacht und erkennt, daß sie selbst es ist, die all das hervorbringt, bewegt und lebendig macht, und mit All und Allem für ewig eins ist, ist sie am Ziel ihrer Wanderschaft angelangt. Erst dann findet sie den lange ersehnten inneren Frieden.

Obwohl die Seele als erste Ursache des Weltgeschehens allezeit über all dem Unleidigen stehen und wissen möchte, daß all die Formen, die sie bedrängen, substanzlos und vergänglich sind, ist sie – solange sie unter der Herrschaft des Verstandes und der emotionalen Verhaftung – also des Egos – steht, wie hypnotisiert, so daß sie nur durch das Aufwachen zu einem höheren Bewußtsein, ihre ursprüngliche Freiheit und Würde wiederfinden kann. Alles äußere Geschehen und alle äußeren Dinge werden und vergehen, und zeichnen ihre Spuren, je nachdem, ob die Seele sie verläßt oder ihnen Leben spendet; sie selbst aber ist ihrem Wesen nach zeitlos und ewig in sich gegründet – ob sie es weiß oder nicht – weil sie sich selbst nicht verlassen kann.

Es ist die Wesenseinheit von Logos, Allseele und individueller Seele, die dem individuellen Selbst die Illusion der Urheberschaft der empirischen Welt verleiht, die in Wahrheit aber allein aus der Allseele als Ganzer und nur vermittels des in ihr herrschenden Logos hervorgeht. Durch die ewige Teilhabe des Individuums an und in ihrer Einheit mit dem Logos gelangt sie jedoch allmählich zur Erfahrung der zeitlosen Ganz- und Einheit ihrer selbst mit dem Demiurg oder Weltenschöpfer. Die Einzelseele hat also an der weltsetzenden Dynamis der Weltseele unmittelbar Anteil. Einzelseele und Weltseele sind ja durch die Koinonie der in ihnen wirkenden Eide und Ideen gleich ursprünglich und ewiglich verschwistert. Die Einheit aller Seelen mit der einen Weltseele ist gleichsam die wirkliche Substanz der Welt.

Die Individualität der Einzelseele ist hierbei durch ihre Einheit mit der Weltseele ebensowenig aufgehoben (im Sinne von annulliert) wie die der Ideen mit dem Geiste; ja ist es gerade diese Einheit, durch die sie sich von der Weltseele in ihrer Individualität abhebt und trotz ihrer eminenten Gemeinschaft mit ihr als eigenständig behauptet. Wie wir oben sagten, hat die Individualität der Einzelseele ihren Ursprung in der Selbstdifferenzierung des Geistes und ist deshalb gleich ursprünglich und unaufhebbar wie die Allseele und bleibt auch bei ihrer Rückkehr zum Geist bewahrt und in ihm aufgehoben. Als Urprinzip der Individuation ist die Seele selbst ja Grund

und Ursache der Differenzierung der empirischen Welt, worin jede Einzelseele und jedes Einzelding ihre bzw. seine besondere Farbe zum Bouquet des Lebens im Ganzen beiträgt.

Während also die Allseele als Entfaltung der Fülle der im Geiste immanenten ειδη und Ideen aus jenem hervorgeht, ist die Einzelseele stets eine partikuläre Entfaltung eines einzelnen ειδος, durch das sie an erster in seinshafter Wesensgemeinschaft teilhat. Die individuelle Seele ist nicht eine andere als die Allseele, sondern eine durch ein Atomos Eidos geprägte Besonderung jener. Die Allseele ist nur durch die Menge der eidetisch bestimmten Individualitäten differenziert. Diese Individualitäten sind gleichermaßen „lokale" Prägungen der unendlichen und in ihrer Ganzheit ungeteilten Allseele, so daß jede individuelle Seele nichts anderes ist als ein Sproß am Stamm und in der Substanz des Seelenganzen. Da wo sich der Mensch wirklich gefunden und als universelles Wesen erkannt hat, kennt und weiß er sich als eins und identisch nicht nur mit allen Einzelwesen, sondern mit dem Ganzen selbst. Er fühlt und erfährt: „Ich bin alle Wesen und bin das Ganze; ich bin All und alles."

Das ist es, warum Paulus die individuelle Seele als Beiwort des Wortes oder Mit-Ich Christi bezeichnet hat. Alles Leben ist Entfaltung des Logos (= Ideenkosmos) in Raum und Zeit, das mit der Aufspaltung des Lichtes in die Vielheit der Farben durch ein Prisma vergleichbar ist. Demiurg bzw. Weltseele und Einzelseele verhalten sich zueinander wie Licht und Farbe und wie die Vielfalt der Farben in die Einheit des Lichtes, so ist das individuelle Leben der Einzelseele eingefaltet in die allumfassende Einheit Christi, „in der sie lebt, webt und ist".

Und wenn sie sich nicht vom Nicht-Sein der sinnlichen Welt, sondern allein von der transzendentalen Vollkommenheit des Geistes durchdringen läßt, erlangt sie selbst ihre Seinsvollendung im Bild und Gleichnis der Vollkommenheit des absoluten Geistes, in dem sie schließlich aufgeht.

4. Die vierte Hypostase oder der Ursprung der Materie und der materiellen Welt

So wie die Weltseele als erste und einzige unmittelbare Schöpfung aus dem Geiste hervorging, so ist die Seele ihrerseits Ursprung für den Hervorgang der Materie und der materiellen Welt – von der göttlichen oder Kausalwelt (Hebräisch: Olam Azilut) bis hinunter zu den grobstofflichen Elementen. Der Ursprung der Welt der Erscheinungen, der Hyle, ist demnach die Weltseele.

Aber wie bringt die Seele die Hyle aus sich hervor? Worin besteht dieser Akt der Ausgeburt? Ist die Hyle eine Ausscheidung der Seele oder ist sie eine vollkommene Neuschöpfung? Nachdem die Seele „δυναμις und ενεργεια" – also Bewegung und Energie (bzw. Potenz und Akt) – ist, müßte die Materie im Sinne der Hyle eine kondensierte Form der Seelenenergie sein – ähnlich wie die heutige Physik die Materie als geronnenes Licht beschreibt. In der Tat kann man die Erschaffung der Materie durch die Seele als einen Akt der Materialisation, also der geistigen Manifestation des Unbewußten nennen. Damit ist es nicht die Seele selbst, die schafft und hervorbringt, sondern doch der in ihr wohnende Geist – der Logos, der Materie und Welt hervorbringt. Danach ist die Materie eine Manifestation von Gedankenenergie (Psi-Funktion) also von verdichteter Gedankenkraft.

Die materielle Welt – von der höchsten Kausalebene bis hinab in die Sphäre der grobstofflichen (physikalischen) Materie – samt der in ihr zur Entfaltung kommenden Bioenergie (Biosphäre), Pflanzen und Tiere (inklusive Insekten etc.) *ist eine gedankliche bzw. energetische Manifestation unbewußter und bewußter Kräfte der Seele*, die sie nach außen freisetzt (emaniert). Was zuerst als reine Gedankenschwingung und Emotion nach außen gesetzt bzw. entlassen wird, beginnt sich in diversen Schritten und Stufen zu verdichten und auf diesem Weg die verschiedenen Welten (Sphären) zu formen (Olamim).

Als Manifestation der unbewußten Aspekte der Weltseele ist die materielle Welt indirekt doch eine Schöpfung des Geistes, wobei die

Seele ihrerseits eine Emanation oder energetische Manifestation, ein Energie- oder Schwingungsfeld ist, das der Geist aus einem Impuls, sich selbst zu erkennen und zu besitzen, aus sich hervorbringt, eben um sich darin selbst zu erfahren und anzuschauen und sich damit sein noch unbewußtes Potential zu erschließen.

Daraus folgt erst unsere oben vorweggenommene Behauptung, daß auch der (absolute) Geist noch unbewußte Anteile, eben *das Unbewußte*, in sich hat, das in einem Akt ewiger Selbsterkenntnis in das klare Licht des Bewußtseins aufsteigen möchte.

Obwohl der Geist die Totalität und Fülle der Ideen und Vollkommenheiten als Ganze und restlos in sich hat (und trägt) und obwohl sie ihm ganz und gar immanent ist, möchte er diese in ihrer umfassenden Bedeutung als Wesen seines Selbst erfassen und darin als sich selbst erkennen und wissen.

Bleibt uns noch, das Wesen und die Natur der Materie, die eigentlich wesenlos ist, zu bestimmen.

Nun ist auch die rationale Analyse und Konzeption der Materie von Plato als erstes in kohärenter und konsequenter Form durchgeführt worden. Hat er doch die Materie als ontologisches Prinzip allen Werdens wahrgenommen, wonach er nicht nur die aus ihren Grundelementen aufgebauten physischen Körper, sondern auch diese Bausteine selbst – heute würden wir sagen: die Elementarteilchen –, nicht nur als instabil und wandelbar, sondern selbst als dem Entstehen und Vergehen unterworfen angesehen hat, womit er schon damals die Erkenntnisse unserer modernen Naturwissenschaften vorweg nahm. (Tim. 49ff, 53ff & 56ff) Er nahm damit ein letztes Substrat, die Hyle, an, das so beschaffen war, daß sich in ihm die Entstehung aller Körperbausteine wie auch ihre Verwandlung ineinander vollziehen konnte. Und weil dieses Substrat schlechthin alle empirisch möglichen Formbestimmungen (oder Attribute) soll an- und aufnehmen können, muß es selbst seinem Wesen nach außerhalb aller Formbestimmtheit stehen. So muß die Hyle als dieses Substrat erstens selbst form- und strukturlos (αμορφον), zum Zweiten aber allaufnehmend (πανδεχης) und formbar sein. Gerade aufgrund ihrer vollständigen Formlosigkeit, derentwegen Plotin sie ein

Nichtseiendes nennt, da sie nur "außerhalb des wahren Seins im Nichtsein ihr Sein hat" (En. II 5, 5, 24 & III 6, 7, 12f), liegt die Hyle (Materie) allen körperlichen Erscheinungen und ihren Verwandlungen so zugrunde, daß sie dabei selbst keine feste Formbestimmung annimmt und sich auch nicht wandelt, sondern in ihrer ihr eigenen Bestimmungslosigkeit verharrt. (Tim. 50bc) Obwohl die Manifestationen der Materie in ihrer Wahrnehmung durch die Sinne als ein erkennbares Etwas erscheinen, kann die Materie als solche wegen ihrer wesenhaften Gestaltlosigkeit weder als Idee erkannt noch als Erscheinung empirisch eindeutig bestimmt, sondern nur als Unding oder eine durch Aufhebung aller Bestimmtheit erzeugte bloße Vorstellung gefaßt werden, die eigentlich keine Vorstellung ist, weil das, was sie vorstellt, nicht etwas ist, sondern nichts. (En. II 4, 10, 1 – 11)

Das aber erinnert an den Sanskrit-Begriff von "Maya" wie auch das der Heisenberg'schen Unbestimmtheitsrelation unterworfene Bild des physikalischen Quantenfeldes. (Vergl. Kap. 6. 3. 2. 2) Was so vorgestellt wird, das ist " ebenso klein wie groß, ebenso weniger wie mehr, ebenso jünger wie älter, ebenso Mangel wie Überfluß – ein Trugbild (ειδωλον) also, das nicht standhält, sondern gerade im Mangel an allem Sein entsteht." (En. II 6, 7, 16 – 20) Danach ist die Materie ein flüchtiges Trugbild, das zerrinnt, wenn man es begrifflich fassen will.

Bemerken möchte ich dazu noch, daß es da eine analoge Wechselbeziehung zwischen der mangelnden Formbestimmtheit der Materie und der illusorischen Natur ihrer Wahrnehmung durch die Sinne gibt, die einen für die sinnliche Wahrnehmung der materiellen Welt konstitutiven reziproken Charakter hat. Im Gegensatz zur absoluten Unbestimmtheit des Einen, deren Bedeutung in dessen absoluter Selbsttranszendenz zu finden ist, hat die Negation aller Bestimmtheit von der Materie ausschließlich privative Bedeutung im Sinne eines Seinsmangels (στερησις, ελλειπσις του οντος) (Plotin, En. II 4, 14 & En. III 6, 7) Dieser Seinsmangel, ihre Armut (πενια παντελης) und Bedürftigkeit, kommt ihr nun nicht zu wie ein Attribut, sondern ist er ihr Wesen.

Wo sich die Seele aber in die Unbestimmtheit der Materie verstrickt und sich in ihr verliert, läßt sie sich von deren Wesenlosigkeit überformen und macht sich damit selbst zum Gegenstand von Pein, Angst und Sorge, denn damit hat sie ihr göttliches Sein mit dem Schein bzw. Nicht-Sein der Materie vertauscht, wodurch sie vorübergehend ihrer unauslöschlichen Einheit mit dem absoluten Geist verlustig geht. Läßt sich die Seele also vom äußeren Glanz der Materie verführen, so gerät sie leicht in den Bann stofflichen Nicht-Seins, das den uneingeschränkten Mangel an allen Vollkommenheiten des Geistes darstellt. Denn das Schattenbild der Materie ist ohne alle Vernunft und ohne Geist, ein seiendes Nichts, das die Seele, die als Bild des Geistes wesenhaft vernünftig und gut ist, solange sie am Sein und Leben des Geistes bewußt teilhat, in ihrer Natur durchaus zu überschatten vermag. Hier liegt die Autonomie und Autokratie der Seele, daß sie aufgrund ihrer Freiheit der selbstbestimmende Ursprung ihres eigenen Denkens und Handelns und damit auch ihres Schicksals und ihrer Bestimmung ist. Ihrer doppelten Natur gemäß obliegt ihr die Wahl zwischen Licht und Finsternis, Vernunft und Unvernunft, Geist und Materie, Glückseligkeit und Leid.

Je nachdem, welcher Seite sie sich zuwendet, dem Dunkel des Stoffes oder dem Licht des Geistes, wird sie diesem oder jenem verähnlicht. Wie das Dunkel die Seele verdunkelt und die Identifikation mit totem Stoff sie abtötet, so gilt umgekehrt, daß das Licht sie erhellt, der Geist sie vergeistigt, die Schönheit des Guten sie verklärt und die bewußte Teilhabe am Sein des Seins sie verewigt. Darin liegt die autarke Schicksalsbestimmung der Seele, daß sie sich selbst nach dem „von ihr erwählten Bild" nachbildet, und in ihrem Abbild am Sein und Wesen ihres Urbildes uneingeschränkt Anteil nimmt. Der in der Seele wahrgenommene Mangel ist es, der sie aber aus eigener Kraft zur Seinsvollkommenheit des Geistes hinneigt und sie drängt, an dessen Selbstgenügsamkeit, Fülle, Güte und Glückseligkeit für immer teil zu haben. Die in ihr tätige Vernunft ist es, die sie bald zur Abkehr von ihrer illusorischen Verhaftung an das Sinnlich-Stoffliche und zurück zu ihrem Grund und Ursprung im Geiste und über die diskursive Assimilation der Vollkommenheiten der Ideen letztlich gar über ihn hinaus in die absolute Selbsttranszendenz im Einen führt. Es ist ein aus dem der Seele eingezeugten Urbild strömendes ganz ursprüngliches Streben und Verlangen in ihr, ein unaufhebbares Moment der Spontaneität der Seele, ein Wille zu ihrer vorursprünglichen Fülle und Herrlichkeit zurückzufinden, wobei sie auf dem Weg diskursiver Erfahrung der einzelnen Vollkommenheiten der Ideen selbst zur höchsten Seinsvollkommenheit aufsteigt.

Dort in der Koinzidenz aller Vielheit im absoluten Einen findet sie ihr höchstes Selbst. Das jenseitige Eine ist wegen seiner absoluten Ununterschiedenheit ja zugleich das aus jedem Selbstbezug herausgenommene absolute Selbst. Es ist selbst ganz ursprünglich Es Selbst (πρoτoς αυτoς) und über das Sein hinaus Es Selbst (υπερoντως αυτoς). (VI 8, 14, 42) Allein kraft seiner absoluten Transzendenz "ist Es als einziges in Wahrheit frei, weil es auch sich selbst nicht dient, sondern nur Es Selbst und absolut Es Selbst ist, wo doch alles andere sowohl es selbst als auch ein anderes ist." (VI 8, 21, 30 – 33)

4. 1 Illusion und Wirklichkeit der sinnfälligen Welt

Was Plato Hyle nannte, ist nichts anderes als was die heutige Naturwissenschaft und Physik als die von der Heisenberg'schen Unbestimmtheitsrelation beherrschte Mikrostruktur der Materie nennt, die in der Dualität bzw. der Komplementrarität von Korpuskel und Welle besteht. Die moderne Physik hat zur Beschreibung der physikalischen Phänomene und insbesondere dem Wesen der Materie einen mathematischen Formalismus entwickelt, der die Materie – je nach Betrachtung – entweder als Teilchen oder als Schwingung – bzw. als weder noch und zugleich sowohl als auch darstellt. Darin sind die konstitutiven Größen von Ort und Impuls, die die physikalischen Objekte der Newton'schen Mechanik noch eindeutig bestimmen (determinieren), nun nur mehr in einander ausschließenden Bildern (dem Korpuskel- bzw. Wellenbild) darstellbar. Dieser janusförmige Charakter der Materie verleiht ihr jenes Ansehen von Unbestimmtheit, den wir schon bei dem platonischen Begriff der Hyle kennengelernt haben. ...

Der indische Yogi und Weisheitslehrer Sri Yogananda hat diese den Rishis seit altersher bekannte trügerische Natur der Materie zusammenfassend in folgende Worte gefaßt: „Die vedischen Schriften erklären, daß das physische Weltall einem universellen Gesetz – Maya, auch Dualitäts- oder Relativitätsprinzip genannt – unterworfen ist. Gott, das einige Leben, ist absolute Einheit. Um aber als verschiedenartige und voneinander getrennte Formen in Erscheinung treten zu können, muß er sich mit einem unwirklichen oder trügerischen Schleier umgeben. Dieser illusorische, dualistische Schleier ist Maya (wörtlich übersetzt: die Messende). Eine Anzahl großer wissenschaftlicher Entdeckungen der Neuzeit bestätigen diese einfache Erklärung der alten Rishis. ...

„Die ganze Welt der Erscheinungen steht unter der unabänderlichen Gewalt der Polarität. Es gibt kein physikalisches, chemisches oder anderes wissenschaftliches Gesetz, das nicht vom Prinzip der Gegensätzlichkeit beherrscht würde. Daraus folgt, daß die Physik keine Gesetze außerhalb der Maya, der eigentlichen Substanz und Struktur des Universums, formulieren kann. Denn die Natur selbst ist Maya. ...

„Die erstaunlichen Wirkungen der Schwerkraft und Elektrizität sind bekannt geworden; aber was Schwerkraft und Elektrizität wirklich sind, hat noch kein Sterblicher ergründet. ...

„Seit jeher haben die Propheten die Menschen dazu aufgerufen, sich über (die Macht von) Maya zu erheben und ein neues Zeitalter herbeizuführen. Die Dualität der Schöpfung zu überwinden und seine Einheit mit Gott zu erkennen, galt als höchstes Ziel des Menschen. ... Den Schleier der Maya zu lüften, bedeutet, die Geheimnisse der Schöpfung aufzudecken.

„Maya und Avidya können niemals durch den analysierenden Verstand oder durch bloße Überzeugung überwunden werden, sondern einzig und allein dadurch, daß man den Bewußtseinszustand des Nirbikalpa-Samadhi (oder der gedankenfreien Trance) erreicht." (Parmahansa Yoganada: Autobiographie eines Yogi, S 282ff)

Die englischen Physiker und Philosophen Sir Arthur Eddington und James Jeans haben diese Erkenntnisse bereits in der ersten Hälfte des 20. Jahrhunderts zusammengefaßt. „Das öffentliche Zugeständnis, daß die Physik es mit einer Welt von Schatten zu tun hat, bedeutet einen gewaltigen Fortschritt. In der Welt der Physik wird das Drama des alltäglichen Lebens zu einem Schattenspiel. Der Schatten meines Ellbogens ruht auf dem Schattentisch, während die Schattentinte über das Schattenpapier fließt. Alles ist symbolisch, und beim Symbolischen läßt es der Physiker auch bewenden. Dann aber kommt der Alchimist Geist, der die Symbole deutet. ... Um die Schlußfolgerung drastisch zu machen: der Stoff, aus dem die Welt besteht ist, ist Geiststoff." (Sir Arthur Eddington: „The Nature of the Physical World" – Das Wesen der physischen Welt)

Und Sir James Jeans ergänzt: „Der Strom der Erkenntnis bewegt sich auf (das Bild) einer nicht-mechanischen Wirklichkeit zu. Das Universum mutet immer mehr wie ein großer Gedanke, und nicht mehr wie ein Mechanismus an." (Sir James Jeans: „The Mysterious Universe" – Das geheimnisvolle Universum)

Mit der Erforschung der Materie hat die Wissenschaft den illusorischen Charakter der Materie und der materiellen Welt aufgedeckt. Die Vorstellung von der Massivität und Substantialität der Materie ist endgültig dahin. Die Untersuchung der Mikrostruktur der Materie hat ergeben, daß das, was wir als festen Stoff bezeichnen, im Wesentlichen aus leerem Raum – bestenfalls aus Feldern von Schwingungen und Kräften besteht – also sich nicht wesentlich von der Natur des Geistes unterscheidet. Auch wissen wir heute, daß die Erscheinungen der Natur nicht aus fester Substanz, sondern Schwingung bestehen. Materie, Energie und Licht erscheinen uns nicht mehr als unterschiedliche Entitäten, sondern als drei Aggregatzustände ein und desselben Stoffs.

Während ich diese Zeilen schreibe, erinnere ich mich an ein Erlebnis, das ich in jüngeren Jahren in Südfrankreich hatte. Als ich eines morgens am Strand des Mittelmeeres meditierte und die Gemeinsamkeiten und Unterschiedlichkeiten des indischen Vedanta zur Lehre der abendländischen Meister erwog, überkam mich plötzlich ein gewaltiges Licht, das mich schlagartig in einen transzendentalen Bewußtseinszustand versetzte. In diesem Licht hatte ich eine völlig veränderte Wahrnehmung dessen, was wir üblicherweise als die Realität dieser Welt bezeichnen. Alles, was ich sah war pures Licht. Sowohl meine Umgebung als auch meinen eigenen Körper sah ich bestehend aus Licht. Ich saß nicht auf Sand, sondern auf Myriaden von Lichtkristallen. Wogen von Licht brandeten an den Lichtstrand und ein zarter Hauch von weißem Licht umfaßte mich zärtlich. Alles war gewichtlos und licht und ein ungeheures Glücksgefühl erfaßte mich. Staunend verharrte ich in der Betrachtung dieser ungewöhnlichen Erfahrung. Ich war zutiefst ergriffen und nicht in der Lage, nur ein einziges Wort hervorzubringen.

Ein Freund, der in der Nähe saß, bemerkte, daß mir etwas Ungewöhnliches widerfuhr. Da ich nicht sprechen konnte, nahm ich ein Steinchen und hielt es ihm vor Augen. Ich wollte ihm sagen: „Siehe, das ist Gott in der Gestalt eines Steines!" Dieser Zustand währte eine geraume Zeit, so daß ich ihm erst später erklären konnte, was mit mir geschah. Es dauerte dann noch mehrere Stunden, bis ich mich wieder gefaßt hatte und normal sprechen konnte. Als ich später im Dharma des Buddha seine Blumenpredigt fand, in der er seinen Jüngern schweigend eine Blume zeigte, verstand ich, was ihm geschehen war. So können wir nur in mystischen Erfahrungen wirklich begreifen, was die Macht von Maya ist, die uns viele Leben lang hypnotisiert und die normalen Sinneserfahrungen als wirklich vorgetäuscht hat. Mit solchen Erfahrungen vollzieht sich das allmähliche Erwachen unserer Seele aus dem Dornröschenschlaf der kosmischen Täuschung.

5. Die Seele als bipolares Leben zwischen Vernunft und Begierde, Geist und Materie

Die Seele ist die dritte Hypostase, hervorgebracht durch den Logos als dessen erste Schöpfung. Sie ist ein Mittleres zwischen Geist und Materie, Nous und Hyle, ewigem Sein und ungeformtem Stoff.

In ihr treffen und verbinden sich Zeit und Ewigkeit, Mangel und Fülle, Vernunftlosigkeit und Vernunft, Unbewußtes und Überbewußtsein. Wie der Geist aus dem Einen, so ist die Seele aus dem Geist nach dem Prinzip der Selbsteinschränkung hervorgegangen. Sie ist ein vollständiges aber unvollkommenes Abbild des cosmos noetos. Anders als das Eine als Ursprung des Nous, geht der Nous als Ursprung der Seele, selbst in diese als dessen Bild ein. Das Urbild bleibt in seinem Abbild inbildlich gegenwärtig und bildet zugleich der Seele oberen Teil, ihre Wurzel und auch deren Mitte. Das in ihr gegenwärtige Inbild bildet aber auch die Kraft und den Antrieb zu ihrer Entwicklung und Verwirklichung.

Es ist die Dynamis des Geistes, die dieser vom Einen hat und die seine schöpferische Kraft und Potenz ausmacht. Sie entspringt dem verinnerlichten Bild des Einen und dieses bildet die Wurzel des Logos, der alle Wesensmomente des Geistes in sich zusammenfaßt. Der Logos bildet den Kern des Geistes, umfaßt die Totalität der Ideen und Eide, und ist der oberste Quellgrund allen unter ihm stehenden Seins und zeitlichen Werdens.

Das Schaffen des Logos bezieht sich zuerst auf den intelligiblen Kosmos, indem er Ungeschiedenes in sich scheidet und als Eines-Vieles in sich ausbreitet. Im Akt sukzessiver Scheidung differenziert sich der eine Logos in viele Logoi und Noeta, Ideen und Prinzipien, Kräfte und Stufen, die seine erste Entfaltung sind. Das Auseinandertreten von Logos und Nous in die Vielheit der Eide und Ideen besteht in der Aufhebung undifferenzierter Selbigkeit durch das Hinzutreten von Andersheit (So-Sein). Gerade darin liegt ja der schöpferische Akt des geistigen Zeugens, aber auch des Denkens, daß ein einheitliches Eines in die Vielheit seiner Momente auseinandergelegt wird. Darin liegt nicht nur der Ursprung des Ideenkosmos, sondern auch der der aus jenem hervorgegangenen Vielfalt der Erscheinungen – sowohl der lebenden Wesen als auch der leblosen Dinge – der geschaffenen Welt. Individualität und Vielheit bilden dabei das Wesen und Prinzip sowohl des intelligiblen Kosmos als auch der sinnfälligen Welt.

Plotin beschreibt diesen schöpferischen Urakt des Geistes in folgenden Worten: „Der Geist hat also, indem er ein Stück von sich selbst ... dargab, ruhig und ohne Erschütterung das All erschaffen. Dieses Stück ist der Logos, der [als schöpferische Kraft des Reinen Bewußtseins] aus dem Geiste ausfloß. Was aus dem Geiste fließt ist der Logos und dieser fließt immerdar, solange Geist in Seiendem gegenwärtig ist." (En. III, II, (47), 2, 15) Der Geist verliert darin aber keineswegs an Substanz, obgleich sich seine Präsenz dadurch bis hinab in die leblose Materie ausdehnt, die er in sich miteinschließt.

Als erste echte Schöpfung aber noch vor aller Materie bringt er die Seele hervor, die eine Aufrollung seiner inneren schöpferischen Potenz, seiner Vernunft und seines aus ihm quellenden Lebens ist. Sie ist sein erstes Kind.

Im Gegensatz zum Nous, geht die Psyche aus dem Nous mit innerer Notwendigkeit hervor. Sie ist die Erstgeborene der Überfülle seiner inneren Kraft, Ausfluß seiner grenzenlosen Glückseligkeit. Ähnlich dem Menschen, der „sich dem schauenden Leben überläßt, so kann er vor lauter Fülle nicht bei sich halten; er muß ausgießen und [gebären und] sich tätig erweisen in wirkendem Leben." (Meister Eckhart)

Als Mittleres zwischen absolutem Geist und formlosem Stoff, zwischen Ewigkeit und Zeit hat sie nicht nur Anteil an beiden, sondern umfaßt sie selbst beide Pole und Gesichter. Mit einem blickt sie nach innen und oben zu ihrem ewigen oberen Ursprung, der auch ihre anfanglose Wurzel ist, mit dem anderen dagegen nach außen und unten in die Sphäre des Vergänglichen. Jene obere Kraft ist die ihr aus ihrem Ursprung eingezeugte Vernunft, den unteren Pol aber bildet das Begehren der Sinne. Taucht sie mit diesem auch tief hinein in die Welt der Erscheinungen und Dinge, so ragt sie dennoch mit der Vernunft weit empor in den oberen geistigen Kosmos. Wie es heißt: In ihrer oberen Wurzel schaut sie unverwandt Gott von Angesicht zu Angesicht, während ihr unterer Teil durch die Sinneseindrücke verdunkelt ist.

Als Bild des Oberen, das die Seele auch inbildlich in sich trägt, strebt sie allezeit zurück zu ihrem Ursprung indem sie sich ihm zu verähnlichen und in heiliger Hochzeit mit ihm zu vermählen sucht. Sie läßt sich, vom christusförmigen Nous geleitet, der Vollkommenheit des Logos nachbilden. Und in seinem Lichte möchte sie weiter steigen bis hoch empor zum ersten aller Ursprünge, dem alles an Glanz und Herrlichkeit überragenden Einen.

Richten wir den Blick unserer Seele selbst hin auf das Eine, so sehen wir in ihm die höchste Schönheit und kostbarste Wahrheit. Nichts ist dem Einen in seiner unantastbaren Einheit an Vollkommenheit und Schönheit vergleichbar. In seiner Schau liegt höchste Seligkeit und wahrstes Glück, „denn nicht wer schöne Farben und schöne Leiber, nicht wer Macht, Ämter, den Königsthron nicht erlangt, ist unglücklich, sondern allein wer dies eine nicht erlangt, dessen habhaft zu werden einen Königsthron und Herrschaft über die ganze Erde, die   Meere und den Himmel fahren lassen möchte, ob er vielleicht, wenn er das alles hinter sich läßt und als gering achtet und sich jenem Einen zuwendet, es erblicken könnte." (En. I 6, 7 34 – 40) „Denn, wer in der Schau des Oberen, Einen, verweilt, der in ihr aufgeht und aus ihr schöpft, der wird ihm ähnlich, welch anderer Güter oder Genüsse könnte er da noch bedürfen? Denn dies selber, da es die Schönheit schlechthin ist und die erste Schönheit, macht die, die es lieben, schön und macht sie liebenswert." (En. I 6, 7, 29 – 31) Nichts vermag uns mehr zu reinigen, zu verklären und zu beglücken als jene Schau.

Zur Schau des Einen, ja zu einem festen Stand in Ihm zu gelangen, ist zugleich das Verlangen aber auch die Bestimmung der Seele. Und nur durch jene Schau kann sich unser Sein und Leben vollenden. Denn in Ihm und durch Es verwirklichen wir alle Herrlichkeit, alle Vollkommenheiten und zeitlosen Güter, die von Anfang an in uns sind, als von unserem Ursprung und unserer Abkunft vom Einen her.

Alle Ausrichtung auf den Schöpfer unserer Seele, alle Verherrlichung Gottes ist nur Anfang des Weges. Erst wenn wir die Herrlichkeit der Gottheit in uns selber erkennen, ja selbst ganz in ihr aufgehen, ist unser Leben und Glück vollendet. Wenn die Sonne in unserer Seele aufgeht, welcher Lampe könnten wir da noch bedürfen? Und wenn die Einfalt und Vollkommenheit des Einen unser Sein überbildet, was könnte uns da noch ermangeln?

Wo wir selbst seinshaft dem Einen an Einfalt und Vollkommenheit ähneln, vollenden sich unsere Seligkeit und unser Glück. Dort oben stehend und dennoch ewig steigend finden wir unseren schlußendlichen Frieden. Da gibt es keinen Mangel, kein Bedürfen oder Sehnen, sondern nur ewiges Aufgehen in allumfassender, alltranszendierender Fülle und überzeitlicher Glückseligkeit.

6. Die polarisierte Seele und ihre Mitte

Wesen und Bestimmung der Seele lassen sich unter Anwendung der Dialektik unmittelbar aus ihrem Ursprung im absoluten Geist ableiten. Wir können uns ihren Ursprung, ihren Hervorgang und ihr Wesen nach dem Modell und Vorbild des Prozesses der Manifestation des Lichtes aus der Tiefe des Seins vor Augen halten. (Siehe: Der Logos und die Dialektik von Sein und Werden, in Vorbereitung)

Als erste Schöpfung des absoluten Geistes und erstes Bild des Logos, sind die die Seele konstituierenden Eigenschaften und Charakterzüge durch jene beiden bestimmt. Wie der Logos als synthetische Einheit aller Anblicke des Einen, so ist die Seele die Offenbarungsform bzw. Entfaltung der zeitlosen Ideenfülle des Geistes in der Zeit.

Die Seele ist, als μιμεσις des νους oder εικον νου (Bild des Geistes), die integrale, dialektische bzw. synthetische Einheit der Gegensätze von Thesis und Antithesis jenes Urbildes, des νους. Als „erste und einzige allumfassende Manifestation des absoluten Geistes samt der ihm immanenten Totalität der Ideen" ist die Seele *unendlich, unbegrenzt* (sowohl in der Zeit als auch im Raum), sowohl *universell* als auch *individuell*, zugleich *Einheit und Vielheit* und damit *polar*.

Alles, was ist, ist hervorgegangen als synthetische Einheit von Abbild und Gegenbild seines Urbildes. Ist das Urbild Idee, so ist das

Abbild Qualität oder So-Sein; ist das Urbild ein Atomon Eidos, so ist das Hervorgegangene ein individuiertes Seiendes oder Geschöpf, dessen Individualität und Wesen durch die im Eidos koinzidierenden individuellen Konstitutionsmerkmale bestimmt ist. Sein der Seele einwohnendes, vollkommenes Eidos oder Urbild ist auch sein Telos, d. i. das Bild der letztendlichen Vollendung der Seele als Individuum und Mensch. Dieses Eidos, das in dem Geschöpf selbst inbildlich fortlebt, bildet die Triebkraft seiner spirituellen Entwicklung und Verwirklichung. Subjektiv erleben wir das als die in unserem Herzen aufsteigende Liebeskraft, Intuition, Inspiration und Kreativität.

Alles, was aus dem Geist als geschaffenes Seiendes hervorgeht, geht daraus hervor als Bild einer Idee, dergestalt aber, daß es als Hervorgegangenes eine integrale Einheit zugleich von Abbild und Widerbild (= Gegensatz) dieser Idee bildet. Es geht also hervor als Synthesis eines Selbigen und dessen Negation, von Bild und Gegenbild. Diese konstituieren ein Energie- und Spannungsfeld, in dem sich die Seele entfaltet und ihre wahre Natur manifestiert, also zu sich findet.

Wie es heißt: Ein jegliches Ding ist seiner Idee nach mehr es selbst denn nach seiner Erscheinung. Denn jegliches Ding und geschaffenes Wesen ist immer eine Mischung von Selbigkeit und Andersheit – von Selbst und Nicht-Selbst. So ist es mit dem geschaffenen Licht, und so ist es auch mit der Seele als der erstgeborenen Schöpfung überhaupt. Wie das geschaffene Licht ein Mittleres zwischen absoluter Helle und absoluter Finsternis, so ist die Seele ein Mittleres zwischen Sein und Nicht-Sein, Bewußtheit und Unbewußtsein. Als dieses Bild des Geistes ist sie energeia und dynamis.

Wir sagten: Die Seele ist ein Bild des Geistes. Der Geist ist absolutes Sein, die Seele aber ein aus ihm hervorgegangenes relatives Seiendes. Während die Idee, das Urbild also, absolut ununterschieden, ewig und unendlich ist, ist das Bild – die Seele – zwar ebenfalls unendlich und ewig, aber darüber hinaus differenziert und wandelbar. Das Bild ist immer Form und Name (Sanskrit: Rupa-Nama).

Um überhaupt Form und Name annehmen zu können, muß sich das Absolute auf ein endliches Maß, ein Mittleres zwischen Unendlichkeit und Null, Sein und Nicht-Sein beschränken; denn als das, was es in, bei und für sich ist, sprengt das Absolute jede Form und ist ihr ewig transzendent. Als Bild und Manifestation eines unbegrenzten, ewigen Prinzips in Raum und Zeit aber ist jedes Seiende notwendig relativer Natur, ein Mittleres eben zwischen Sein und Nicht-Sein.

Ist *Sein*-an-sich absolut und transzendent, jenseits aller Manifestation, ewiger Grund alles Seienden, so ist *Existenz* Mitte und Verbindung von Sein und Nicht-Sein, also relativ und relational. Damit sind Sein und Existenz essentiell und prinzipiell von völlig unterschiedlicher Ordnung und Stufe. So tief wie der Abgrund zwischen Sein und Existenz, so tief ist auch der Abgrund zwischen absolutem Geist und erschaffener Seele. Zwischen Sein und Nicht-Sein entfaltet sich ihr Leben.

Die Seele (Psyche, Purusha) umspannt Himmel und Erde: Mit ihrem oberen Ende hängt sie am Nous, mit dem unteren berührt sie die Erde (und taucht damit in die Formlosigkeit der Hyle). Die Wurzel aber, aus der sie wächst und sich entfaltet, ist der Logos.

Dementsprechend ist ihr oberes Ende selbst ein zur Einheit und zum Einen Strebendes, ihr unteres aber ein in die Vielfalt Führendes, sich in Vielfalt Differenzierendes und in ihren kontradizierenden Gegensätzen sich Verlierendes. Diese beiden, in der Seele einander entgegenstehenden Kräfte sind gleichsam ihre Pole.

Wir sagten: Die Seele ist ein Bild des Logos, der Logos aber ihr Urbild und erster Grund. Der Logos wiederum ist die schöpferische Kraft des Geistes und höchste Intelligenz. Da er sich aber nach seinem Abstieg aus seiner Wurzel im Einen selbst polarisch entfaltet, hat er neben der reinen Vernunft auch eine irrationale Komponente in sich. Diese ist Teil des kosmischen Unbewußten. Da die Ursache stets in ihrer Wirkung enthalten ist, ist der Logos selbst, der der Seele Urbild ist, zugleich ihre Schöpfungskraft, wie auch ihr oberer und unterer Pol. Während ihr oberer Pol reine Vernunft offenbart, beinhaltet der untere als Negation dieser Vernunft all dessen Eigenschaften in negativer Form. Ist der Logos als Vernunftprinzip das Prinzip von Fülle und Selbstgenügsamkeit, Ausstrahlung und Intelligenz, so verkörpert der untere Pol im Gegensatz dazu Mangel und Bedingtheit, Kontraktion und Unvernunft. (Siehe: Kancukas)

Die Summe dieser Qualitäten bildet das, was wir Unwissenheit (Avidya) oder Begierde – nach Plato aber επιϑυμια (Epithymia) – nennen. επιϑυμια ist die schon im Logos als der reinen Vernunft oder göttlichen Intelligentia entgegenstehende Grundneigung, die die unverwirklichte Seele von ihm hat. Der negative Pol, die Epithymia, bildet damit den Ursprung unserer irrealen Vorstellungen, Ansprüche und Affekte, wie auch unseres παϑος und unserer Emotionen, mit einem Wort der Gesamtheit all jener Impulse und Kräfte, die unsere niedere Natur bzw. unser Unbewußtes ausmachen. Vernunft und Begierde, „λογος" und „επιϑυμια", im Sanskrit „Buddhi" (Intelligentia) und „Manas" (das Sinnenbewußtsein) genannt, bilden die beiden Pole der Seele bzw. ihres inneren Organs, unseres individuellen Geistes (Antahkarana, Citta). Plato sprach von zwei einander entgegenstehenden Seelengliedern, die er λογιστικον und επιϑυμητικον –
Vernunftseele und Begierdenseele – nannte, die zeitlebens miteinander im Wettstreit liegen. Diese Erkenntnis bildet auch den Kern der vier edlen Wahrheiten der Lehre Buddhas, wonach die Begierde (Sanskrit: Sukha, Griechisch: επιϑυμια) die Ursache unseres Gebundenseins an Welt und Ich und damit Ursache von Dukha (Leid) und Samsara (dem ewigen Kreislauf von Geburt und Tod), der Logos (Sanskrit: Buddhi) aber jene von Aufstieg und Befreiung (Sanskrit: Moksha, Mukti) ist. So bestimmen diese beiden Pole den inneren Grundkonflikt unseres Daseins in der Welt, unser Aufgehängt- bzw. Zerrissensein zwischen Himmel und Erde, die es zu lösen und erlösen gilt.

Während die Vernunftseele den Ort der synthetischen Einheit des Bewußtseins und der kontemplativen Sammlung der Seele bildet, ist die Begierdenseele deren Widerpart, der erstere durch die Vielzahl ihrer Begehrungen und Strebungen zu zerstreuen trachtet. Das Logistikon ist aber nicht nur der Ort der Konzentration und Sammlung, sondern auch der des Gewissen und des sittlichen Empfindens sowie des spirituellen Aufstiegs, der Schau der Ideen des Wahren, Schönen und Guten und damit der spirituellen Erleuchtung und Ekstase.

Subjektiv erfahren wir diesen Urwiderspruch zwischen den entgegengesetzten Aspekten unserer Seele als Konflikt zwischen unserer Ursehnsucht nach Einheit und Vollkommenheit, nach Heimkehr in unseren transzendenten Ursprung einerseits, und der Begehrung bzw. der Neigung zur Verhaftung an die bunte Vielfalt der sinnfälligen Welt und unser schillerndes Ego. Während diese Ursehnsucht uns emporführt ins Licht zieht uns unsere Neigung zum trügerischen Glanz der Sinnesdinge hinab in deren Vielfalt und zur Bindung an die wechselnden Zustände und Erscheinungsformen von Ich und Welt.

Es ist ja vor allem das sich als Begierde manifestierende subjektive Empfinden verschiedener Formen inneren Mangels, das uns in die Niedrigkeit der Materie bzw. Gefilde der Hyle herabzieht, deren Wesen selbst Formlosigkeit und Mangel ist. Gleiches zieht Gleiches an und so strebt die Seele der Seite ihrer Vernunft nach zur Seinsfülle des Nous, jener ihrer irrationalen Begehrlichkeit nach aber zur Hohlheit und zum Seinsmangel der Hyle.

Erinnern wir uns daran, daß das Wesen des Nous ununterschiedenes, eigenschaftsloses Sein, also erste und reinste ουσια, die Welt der Erscheinungen aber nichts als ein Schleier von sich in Raum und Zeit entfaltenden substanzlosen Akzidenzien ist, den die Inder "Maya"

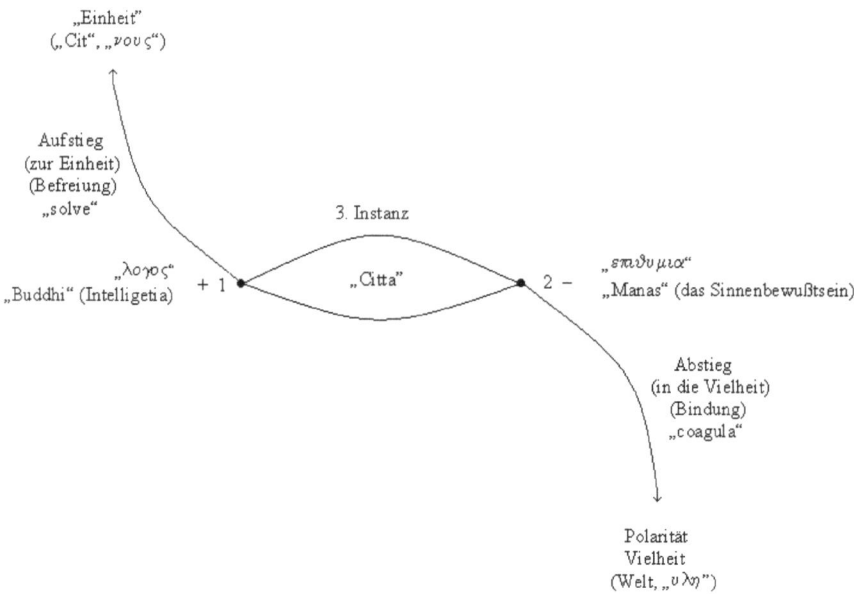

Abbildung 1: Die polarische Natur der Seele und des ihr innewohnenden individuellen Geistes (Citta, Mind)

und die Hebräer „hevel" – „Eitelkeit" nennen, so sehen wir, wie unser seelisches Leben zwischen den Polen der Substantialität des Nous und der Wesenlosigkeit der Hyle aufgespannt ist und sich in diesem Spannungsfeld entfaltet. Das ist uns ja aus unserer eigenen inneren Erfahrung unmittelbar evident.

Geist und Begierde ziehen in zwei einander entgegengesetzte Richtungen. Diesen inneren Kampf der Gegensätze in uns ansprechend, rief Goethe aus: „Zwei Seelen, ach, in meiner Brust" Das ist die *conditio humana*, unsere existentielle Situation als irdischer Mensch.

Ist die Seele ihrer Ursprungsform nach integrale Einheit der in ihr selbst widerstreitenden Gegensätze von Vernunft und Unvernunft bzw. Liebe und Begehren, so besteht ihre Aufgabe und Bestimmung gerade darin, diesen ungelösten Widerspruch zu lösen, indem sie ihn in einem sich in realiter zu vollziehenden Akt dialektischer Synthese übersteigt und in ihrem oberen Ursprung aufhebt.

Solange dieser innere Grundwiderspruch in unserer Seele nicht gelöst und vermittels einer gelungenen Synthesis der Gegensätze durch ihren Aufstieg in die transzendentale Einheit des Geistes, aus dem sie stammt, gemeistert ist, ist die Seele von inneren Konflikten geplagt, unausgeglichen, stets von Unruhe bedroht und ihrer selbst und ihres Wertes nicht sicher. Ihr Dasein ist von einem nicht aussetzenden Kampf der Seelenteile um ihre Vorherrschaft bestimmt. In diesem Sinne rief schon Augustinus aus: „Unruhig ist meine Seele, bis sie ruht in Gott." Das Erlangen von Seelenruhe – der pax profunda – galt den Weisen aller Zeiten und Kulturen als oberstes Ziel des Lebens.

Wollen wir die Vernunft- oder Geistseele in ihrem innerseelischen Wettstreit mit Verstand und Begehren zum Siege führen, so wird die Arbeit an sich selbst, das εαυτον πλαττειν, zum unabdingbaren Obligat. In der Arbeit an sich selbst erst, gestaltet sich die Seele zu dem, was sie ihrem Wesen eigentlich nach ist und sein soll. Diese Arbeit an sich selbst verglich Plato mit der Gestaltung einer Plastik oder Statue durch einen Künstler. Und die Kraft, die die Seele zu sich selber führt, ist der Eros, das Verlangen sich selbst zu sein und sich selbst vorbehaltlos zu lieben und zu verwirklichen. Der Eros wird auch als das Verlangen der Seele bezeichnet, das Schöne und das Gute für immer zu besitzen. Die intelligenzbegabte liebende Seele ist gleichsam ihr eigener Schöpfer, der sich und sein Leben in einem Akt fortwährender Selbsterkenntnis und authentischen Selbstausdruckes wie ein Künstler stetig neu erfindet und selbst gestaltet.

Der Eros ist auch φιλοσοφος, eben das der Seele eigene Streben nach Weisheit – σοφια – und der Verwirklichung und dem Besitz des „Guten" – des αγαθον. Was jede Seele verfolgt und um dessen willen sie alles tut, ist das Gute selbst, die Idee des Guten, auch wenn sie nur ahnungsweise weiß, was dieses ist. So erweist sich das Gute selbst, das ja eins und identisch mit dem Einen oder Tao ist, als die eine, erste und letzte Kraft, die die Seele und alle Dinge treibt und ihrer letzten Bestimmung entgegenführt.

So ist es letztlich das Eine oder Tao selbst, das die Seele – vermittels des Logos und des Eros – aus dem Meer der Täuschung der Erscheinungswelt (εκ του παντου) bzw. des Samsara (Sanskrit: der Macht der Illusion oder Maya und der ewigen Wiederkehr), in dem sie sich jetzt befindet, heraus und empor in die Gefilde des Geistes bzw. des υπερουρανος des Einen führt. (Plato: Symp. 203b-204a, 206a, Politeia 505, Politikos 273 d6-e1)

Zusammenfassend können wir von der Seele folgendes sagen: Sie ist das erste und einzig umfassende Bild des absoluten Geistes samt der ihm immanenten Totalität der Ideen, die keimhaft auch in ihr angelegt sind und die sie in der Zeit verwirklichen möchte. Sie ist geschaffen, aber ewig. Sie ist ενεργεια und δυναμισ, Potenz und Akt. Sie trägt die unbegrenzte Fülle des Geistes potentialiter in sich, kann und möchte sie aber erst – getrieben von Logos und Eros – im Gang des Lebens realisieren. Die Seele ist in jeder Hinsicht unendlich und unbegrenzt; sie hat Anteil an Geist und Materie sowie Ewigkeit und Zeit. Obwohl wesenhaft ewig, lebt und entfaltet sie ihr Potential und wahres Wesen erst in der Zeit. Wie alles Geschaffene ist sie bipolar und entfaltet ihr Sein und Leben gerade in dem Spannungsfeld ihrer Polarität. Sie berührt Himmel und Erde und hat ihrer doppelten Natur wegen auch eine Tendenz zu beiden hin. Obwohl ihrem Wesen nach unendlich und ewig, ist sie in ihrer Substanz form- und prägbar. Je nachdem welcher Seite sie sich zuneigt, nimmt sie mehr die Form des Geistes und dessen Vollkommenheit, oder die Form- und Wesenlosigkeit der Materie an. Obwohl sie universell ist, ist sie durch die Prägung diverser Atoma Eide in die Vielfalt diverser Individualitäten differenziert. Und erst in dieser ihrer individuellen Form entfaltet sie ihr Leben und ihre Potenz auf einem Weg bewußter Ausrichtung, Selbsterkenntnis und Entscheidungen für sich als individuelles Wesen und nicht als universelle Entität, obwohl sie diese ihrer Ganzheit nach eigentlich ist. Demnach ist der Modus ihres Lebens und ihrer Selbstentfaltung vollständig durch ihr Eidos wie auch ihre temporären Prägungen (Sanskrit: Samskaras und Vasanas) bestimmt. Urqualität und Substanz der Seele sind vom Ursprung her reine Göttlichkeit und Liebe. Aber es bedarf des Weges der Erfahrung und des Bewußtwerdens, um diese ihre wahre Natur samt der in ihr angelegten Wesenszüge, die sie als Abbild des Geistes von dessen Ideenfülle hat, zu erkennen und verwirklichen. Auf diesem Weg kommt ihr die autokratische Freiheit zu, sich im Spannungsfeld zwischen ihren Polen jeweils frei zu entwickeln und damit ihr Schicksal und das Ziel ihrer Verwirklichung selbst zu wählen und zu bestimmen. Hierbei muß sie all ihre Vorstellungen an den Erfahrungen der physischen Welt prüfen.

Damit haben wir die Seele für unsere Zwecke der Suche und Verwirklichung unserer selbst hinreichend charakterisiert und können nun zur Betrachtung jener Kraft übergehen, aus der die Seele ihren Weg realiter geht und ihre dafür notwendigen Entscheidungen, durch die sie zu ihrer künftigen Bestimmung gelangt, vollzieht.

6. 1 Die dritte Instanz

Neben diesen beiden Polen von Logos und ἐπιϑυμια, bzw. über diese beiden hinaus besteht in der Seele – als Mittleres und Einendes zwischen ihnen – eine dritte Instanz: das bewußte, verantwortliche Ich. Diese bildet den Sitz unserer Vermögen von Wahrnehmung, Erinnerung, Unterscheidung, Urteil, Wahl und Entscheidung, in anderen Worten unseres Wahrnehmungs-, Erinnerungs-, Unterscheidungs-, Urteils- und Entscheidungsvermögens. Bei der individuellen Seele ist sie insbesondere auch der Sitz der Individualität im Sinne des Abbildes ihres Atomon Eidos. Die Inder nennen sie ihrer Herkunft von „Cit", dem reinen universellen Bewußtsein (= νους) nach, „Citta", das geistige Herz des Menschen. Genau genommen ist ja die Verbindung bzw. Einheit von Seele und Individualität, die ja die Allseele zur individuellen Seele bestimmt, jene dritte Instanz, aus und in der das Individuum lebt, seinen Weg geht und seine Entscheidungen trifft. Und das bildet auch den Ort in der Seele, wo all die Erfahrungen und Entscheidungen, die sie als individuelles Wesen gemacht hat, aufgespeichert sind.

Wir sagten: Der Mittelpunkt unserer Seele ist das Heilige Herz. Das Herz ist das flammende, leidenschaftliche und intelligente Koordinationszentrum all unserer Lebensimpulse; es hat stets das Ziel Heiliger Einung vor Augen, schreitet mit reiner Liebe voran und lebt das Leben aus einer Haltung von Wahrhaftigkeit, Respekt, Rechtschaffenheit und Güte. Das nur ist wahrhaft göttliches Leben, das aus der grundlosen Tiefe unseres Herzens aufsteigt und wirklich – durch die Intervention von Ego und Verstand, also dem der Liebe des Herzens entgegenstehenden Pol unbehindert – zur Entfaltung kommen darf. Ein solches Leben stärkt das Gute in uns und verewigt es in unserer Seelensubstanz. Wir nennen das die Vergöttlichung der Seele bzw. Verwirklichung unseres ursprünglichen göttlichen Wesens.

„Während sich die Intelligenz des Verstandes nur für die Festlegung von Kriterien für sein Vergleichen, Werten und Kontrollieren interessiert, ist das Heilige Herz wahrlich unsere höhere Intelligenz und der Quell und das Hegemonikon eines weisen und inspirierten Lebens. Das Herz braucht keine Normen, noch Rezepte, noch Regeln. Regeln dienen allein der Kontrolle durch Verstand und Willen und bewirken Unterdrückung, nicht aber Erleichterung. Die Verzweiflung des Herzens ist für den Verstand vielmehr die Gelegenheit zur Ausübung seiner Macht.

„Der Name der Allseele bzw. unseres göttlichen Vaters ist Liebe und daher ist das auch der unsterbliche Name seiner Kinder, der individuierten Seelenkerne. Liebe ist die Essenz unseres wahren Seins. Sie ist nichts, was du tust oder läßt, gibst oder nicht gibst, empfängst oder nicht empfängst; sie ist keine Ware oder Substanz, die gewonnen werden kann. Liebe unterliegt nicht den Gesetzten von Fülle oder Mangel. Liebe ist, wer und was du bist. Aus diesem Grund ist Liebe im wahrsten Sinn des Wortes bedingungslos.

„Die Liebe ist der sakrale Aspekt des Seins. Das ist das eigentliche Mysterium des Lebens, und die Lösung aller Rätsel unseres Daseins. Wer das lebt, dem wird sich alles andere erfüllen.

„Der zweite große Aspekt des Seins ist der alldurchdringende Geist. Es gibt nur einen Geist. Und dieser wohnt allen Dingen inne und umfaßt All und Alles. In allem, wohnt und wirkt der unbegrenzte und unteilbare Geist Gottes. Es gibt nichts, wo kein Geist wäre. Und der Geist ist eins. Der Geist muss als allumfassendes Ganzes verstanden werden, als von unendlicher Dauer und Ausdehnung, in sich ununterschieden und ungebrochen.

„Insbesondere sind Geist und Materie eins. Sie sind nur unterschiedliche Aggregatzustände des einen Geistes, nicht aber entgegengesetzte Prinzipien oder Seinsformen; es ist ein Rudiment der Vorstellung des Zeitalters der Illusion und der Dualität, sie als solche zu betrachten. Es ist nicht wahr, daß die Erde materiell und der Himmel geistig wäre. Geist ist der Ursprung und die Einheit von allem, auch der Einheit von Himmel und Erde. Die Einheit des Geistes ist der Grund für die Wirksamkeit der Gebete sowie für die Möglichkeit von Telepathie und Hellsichtigkeit, von Visionen und Prophetie. Im Geist sind wir immer vereint. Daher leben wir im Geiste ein Leben von absoluter Eintracht und Liebe. Wie auch immer sich unsere Erfahrungen entfalten, wir sind stets eines Geistes und alle teilen die gleiche Urerfahrung der einen kosmischen Wirklichkeit.

Der Geist umfaßt alle Vielfalt und jedes Individuum. Und es ist nicht der Geist, an dem wir einander erkennen und in dem wir uns unterscheiden, sondern die Schwingung und Qualität unserer individuellen Seele – das ist aber die Schwingung unserer individuellen Liebe.

„Es ist die Liebe, die den Geist in die ihr entsprechende Schwingung versetzt. Darum sagen wir: „Sei die Liebe, die du bist." Daran werden wir einander erkennen wie und in welcher Form sich die Liebe unserer unterschiedlichen uniken Seelen ausdrückt."

Das Herz ist allezeit mit Gott verbunden. Ja, mehr noch: es ist die Wohnstatt Gottes. Das Herz ist so weit, daß es das gesamte Universum umfaßt. Darüber hinaus ist es der Ort möglicher Zuflucht für jede Seele und jedes lebende Wesen überhaupt. Es gibt keinen Menschen, den es ausschließt. In der Liebe Gottes, die in unserem Herzen verankert ist, ist alles Sein und Leben gleichermaßen umfaßt. Und es gibt nichts und niemanden, den die Liebe nicht in sich einschlösse.

Auch ist es die Liebe, die wir leben, die unsere Seele von allen Leiden heilt. So tief und weit wir die Liebe unseres Herzens in uns aufsteigen lassen, so viel Heilung erfahren wir in unserer Seele. Denn berufen sind wir, die Liebe, die wir sind, zu leben.

Es ist Avidya, die Unwissenheit oder das kosmische Unbewußte, das den Kern und Ursprung des zweiten Poles, der Unvernunft und des Begehrens, in der Seele bildet, die die Ursache des Leidens ist. Es ist insbesondere die Vorstellung, eine von Gott und All getrennte Existenz zu führen, die der Ursprung einer ganzen Kette weiterer Illusionen – auch des sogenannten Bösen – ist. Mit ihr verschwistert ist die Vorstellung und das auf ihr gründende Empfinden von Mangel. Es gibt verschiedene Formen von Mangelbewußtsein. Es ist seinerseits der Ursprung und die Ursache der Habgier und des Haben-Wollens, wovon wir irrtümlich meinen, daß es die Ursache des empfundenen Mangels und sein Besitz diesen aufheben oder beseitigen würde. Wir meinen damit nicht allein das Begehren nach materiellen Gütern, Wohlstand und Sinnesfreuden, sondern mehr noch, unsere Ruhm-, Anerkennungs- und Geltungssucht, in Summa aber unsere unser ganzes Leben und Tun beherrschende Aufmerksamkeitsheischerei.

Es ist die hier thematisierte sogenannte dritte Instanz, die gleichsam den Kern und die Mitte unseres individuellen Seins und Lebens, sowie unseres Mensch- und Ich-Seins bildet. Sie ist in eminenter Weise Träger des Ich-Bewußtseins und der Sitz des „Jiva", der Individualität. Hier liegen Grund und Ursprung unserer Eigenständigkeit, Freiheit, Verantwortung und Würde. In der Fähigkeit gut und böse, recht und unrecht wie auch Schein und Wirklichkeit zu unterscheiden sowie dieser Unterscheidung gemäß in unsrem Tun und Wollen verantwortlich zu entscheiden, liegt der eigentliche Grund unserer Gottesebenbildlichkeit. Gott hat uns in diesen beiden Fähigkeiten von Unter- und Entscheidung die gleiche Freiheit, Verantwortung und Würde gegeben, die Ihm selber eigen ist. Er hat uns nicht als fertiges Möbel oder determinierten, programm-gesteuerten Automaten in den Raum gestellt, sondern die Macht und Freiheit verliehen, Herr unserer Entscheidungen, bewußter Gestalter unseres

Schicksals und Vollender unseres Seins und Lebens zu sein. Erst aus der Freiheit von Wahrnehmung und Entscheidung erklärt sich, warum uns das Gute erhebt, und das Üble erniedrigt. Die freie Tat – ja mehr noch, das einfache ungebundene Sein und Leben ist es, die uns adeln und beglücken oder erniedrigen und bedrücken. Von hier aus, aus der wahrnehmenden Mitte jener „dritten Instanz", aus der Tiefe unseres Herzens heraus, entscheiden wir über unser Leben und unsere Zukunft und weben die Fäden unseres Schicksals. Obwohl unser ganzes Sein und Leben allein an Gott hängt, sind wir doch freie Herren unserer selbst. Wie der chassidische Mashgiach sagte: „Der Mensch ist nur er selbst, sein inneres Leben."

Die Freiheit, die uns gegeben ist, besteht darin, entweder der Liebe und dem Logos oder der Vorstellung und Begierde zu folgen, das heißt aber, uns Gott und dem Geiste, oder der Welt und ihren Erscheinungen zuzuwenden und damit dem „einen oder dem anderen Herren" (Matth.) anzuhangen. Wir sind frei uns *für* Gott, das ist für das Wahre, Gute und Schöne, oder *gegen* Ihn zu entscheiden. Wir wählen allaugenblicklich zwischen Licht und Finsternis, Vernunft und Unvernunft, Sein und Nicht-Sein, wenn auch nur in Graden abgestuft, aber ein Drittes, eine Ambivalenz zwischen beiden etwa, gibt es nicht. Der Logos, der uns zieht, führt uns empor zu Herrlichkeit und Leben, Begehren und Unvernunft aber suchen uns herabzuziehen und an das Vergängliche zu binden. Wer dem Logos und der Liebe seines Herzens folgt, steigt auf von Herrlichkeit zu Herrlichkeit und führt seine Seele zur allmählichen Verähnlichung und Einung mit der Vollkommenheit und Glückseligkeit des absoluten Geistes. In Ihm und durch Ihn erlangt sie das ewige Leben, das ist ewiger Aufstieg im Raum der reinen Ideen und der Vollkommenheiten des Seins.

Nach der Griechischen wie auch der Jüdischen Tradition liegen Sinn und Zweck der Schöpfung ganz und gar in der Exekution der Freiheit unserer Wahl. In ihr liegt nicht nur die Bestimmung unseres Lebens, sondern auch die der ganzen Schöpfung. Rav Nachman von Bratzlav sagte einmal: „Die Welt ist nur um der Wahl und des Wählenden willen geschaffen worden." Wie es heißt: "Die ganze Schöp-

fung harrt der Offenbarwerdung der Söhne und Töchter Gottes."
(Paulus) In der Parusie wird diese Offenbarung geschehen. Was jetzt
schon im Geist erkannt ist, wird (zur Verherrlichung Gottes und des
Logos) in Raum und Zeit offenbar werden.

Auch heißt es: „Für des Menschen Aufstieg ist keine Grenze und
jedem ist das Höchste offen. Hier waltet allein deine Wahl." ... „Der
Mensch ist eine Leiter, gestellt auf die Erde, mit dem Haupt an den
Himmel rührend. Und alle seine Gebärden und Geschäfte und Reden
ziehen Spuren in der oberen Welt." ... „Er macht seinen Körper zum
Thron des Lebens und das Leben zum Thron des Geistes (Citta) und
den Geist zum Thron der Seele und die Seele zum Thron des Lichtes
der Gottesherrlichkeit, und das Licht umströmt ihn ringsum, und er
sitzt inmitten des Lichtes, und zittert, und frohlockt." (Nachman von
Bratzlav)

Es ist ein Grundgesetz des Lebens: "Wenn ein Mensch sich selbst
nicht richtet, richten ihn alle Dinge und alle Dinge werden zu Boten
Gottes." (Nachman von Bratzlav)

Die Meister aller Traditionen, die den Weg der Vollendung kennen, weil sie ihn gegangen sind, haben uns in unserer Suche nicht im
Stich gelassen. Sie haben uns allerorts und zu aller Zeit liebevolle
Weisung und geduldige Anleitung gegeben. Ganz gleich, ob in Ost
oder West, in der Antike oder der Gegenwart, immer haben sie uns
die Grundlagen und Prinzipien des „guten Lebens" und der Vollendung unseres Auftrags als Individuum und Mensch klar vor Augen
geführt.

Sie alle haben uns in Übereinstimmung mit unserer inneren Natur
und Stimme unermüdlich daran erinnert, daß es an uns liegt, uns mit
aller Aufmerksamkeit, Entschlossenheit und Kraft an unseren oberen Ursprung zu hangen, um jene göttliche Bestimmung zu wählen,
die unser Ursprung ist, und sie zu verwirklichen, indem wir allem
Schein und Übel abschwören und allein dem Lichte folgen. In Deuteronomium heißt es in anrührend bildhafter Sprache: "JHWH, dein
Gott, beschneidet dir und deiner Nachkommenschaft das Herz, daß
du JHWH, deinen Gott, aus ganzem Herzen und ganzer Seele um
deines Lebens willen liebest. ... Diese Gesetzesweisung, die ich dir

heute anbefehle, sie ist ja nicht zu schwer für dich und nicht unerreichbar für dich. Nicht im Himmel ist sie, daß du sagen müßtest: Wer steigt für uns hinauf in den Himmel, um sie uns herabzuholen und zu verkünden, damit wir danach tun? Auch ist sie nicht jenseits des Meeres, daß du sagen müßtest: Wer fährt für uns über das Meer, um sie herbeizuholen und zu verkünden, damit wir danach tun? Vielmehr ist dir *das Wort ganz nahe, in deinem Munde und in deinem Herzen* ist es, so daß du danach tun kannst."

(Die beiden Wege) „Siehe! Heute habe ich dir Leben und Heil, Tod und Unheil vor Augen gestellt. Wenn du der Weisung JHWH's, deines Gottes, gehorchst, die ich dir heute anbefehle, indem du JHWH, deinen Gott, liebst, auf seinen Wegen wandelst und so seine Gebote, seine Bestimmungen und Rechtssatzungen, beobachtest, so wirst du am Leben bleiben und dich mehren, und JHWH, dein Gott, wird dich in dem Lande, in das du ziehst, um es in Besitz zu nehmen, segnen. Wenn sich aber dein Herz wendet und du nicht gehorchst, wenn du dich verführen läßt, fremde Götter anzubeten und ihnen zu dienen, so kündige ich euch heute an, ihr werdet unfehlbar zugrunde gehen, ihr werdet in dem Lande, in das du über den Jordan ziehst, um hinzugelangen und es in Besitz zu nehmen, nicht lange leben.

„Ich rufe heute Himmel und Erde wider euch zu Zeugen an: Leben und Tod, Segen und Fluch habe ich dir vor Augen gestellt. So sollst du denn, daß du und deine Nachkommen am Leben bleiben, das Leben wählen, indem du JHWH, deinen Gott, liebest, *seiner Stimme gehorchst und ihm anhangst!* Denn das ist dein Leben und die Dauer deiner Tage, damit du in dem Lande wohnen bleibst, das Jahwe deinen Vätern, Abraham, Isaak und Jakob, zugeschworen hat, ihnen zu geben." (Deuteronomium 30. 6 - 20)

Das Wort und die Stimme, von denen hier die Rede ist, stehen für den Logos, die schöpferische Kraft des Nous, als dem lichten Kern und wahren Selbst in unserer Seele. Ihm wollen wir anhangen, ihm uns mit Herz und Leib und Seele vereinigen. Wo wir uns in all unserem Sehnen, Streben, Denken, Fühlen, Wollen und Tun ihm vermählen, da verwirklichen wir der Seele höhere Natur, ihr eingeborenes göttliches Wesen gemäß ihrer oberen Wurzel, aus der sie hervorgegangen ist und in die sie zurückkehren möchte. Das ist wahre *religio* (Rückbindung) und wahrer Yoga (Einung), das sich vollkommene Anhaften der Seele an Gott und ihr letztendliches Aufgehen in Ihm. Indem sie sich dem Logos ganz und gar verbindet, wird er zu ihrer leitenden Kraft. Dann ist alles Wahrnehmen, Unterscheiden, Urteilen, Wählen, Wollen, Entscheiden und Tun von ihm überformt und bestimmt.

In dieser Verfassung wird unser individuelles Ich, unsere dritte Instanz also, das Hegemonikon, das heißt zu Deutsch, das „herrschende Prinzip", genannt. Als solches ist es der eigentliche Regent in unserer Seele.

Hier hat der Mensch sich in einem Akt völliger Hingabe und Selbstüberantwortung ganz Ihm anheimgegeben, der sein wahres Ich und Leben, das Ich seines Ichs, das Licht seines Erkennens und die Erfüllung seines Herzens ist. Wie es heißt: „Du sollst Gott, deinen Herren, lieben, von ganzem Herzen, mit all deiner Seele und all deiner Kraft." (Deuteronomium 6. 4 - 5) „Heiliget euch und seid heilig, denn ich, euer Herr, bin heilig." (3. Mose 20. 3 / 26) „Ich bin der HERR, dein Gott, der dich lehrt, was nützlich ist, und dich leitet auf dem Wege, den du gehst." (Jesaja 48.17)

In solchem Akt der Selbstunterwerfung hat der Mensch die „gute" Wahl getroffen und den Tod gegen das Leben eingetauscht.

Der Weg dahin besteht aus reinem Gewahrsein, aus dem wir allaugenblicklich urteilen und entscheiden. Das aber bedeutet "Unterscheidung" und "Losgelöstsein". Wir wollen jeweils nicht dem "dunklen Drang" unserer niederen Natur, sondern stets dem Licht der Vernunft bzw. der Liebe unseres Herzens folgen. Wir wägen Recht gegen Unrecht und Wahrheit gegen Trug, Erhebung gegen Verhaftung, Entsagung gegen Sättigung unserer Begierden.

Das ist der Weg nach oben. Wie es heißt: „Viele sind berufen, wenige sind auserwählt." Und im Buche Antwort der Engel heißt es: „Der Erwählte, erwählt sich selbst. Er könnte ruhen, aber er schreitet voran." Wer dem Ruf des Logos in seiner Brust hört und ihm folgt, der hat Ihn für sich und sich zu Ihm erwählt. Das ist auch das Gebet des Bruder Claus: "Mein Herr und mein Gott, gib alles mir, was mich fördert zu Dir, nimm alles mir, was mich hindert zu Dir, nimm mich mir und gib mich ganz zu eigen Dir."

Wer den Logos wählt, den zieht er in seinen eigenen Grund, das aber ist das Herz Gottes, der transzendente ewig aus sich selbst leuchtende, sich selbst genügende und unbegrenzte Nous.

Der Yogi nennt die beiden Kräfte, deren sich der Mensch um des Aufstieges willen bedienen muß „Viveka" und „Vairagya", „Unterscheidung" und „Teilnahmslosigkeit". Der Stoiker nennt sie „κρινειν" und „απαθεια". Unterscheidung, also „Viveka" bzw. „κρινειν" braucht es, um die Impulse der niederen Natur von denen des Geistes und des Gewissens, aber auch Vergängliches und Unvergängliches sowie Illusion und Wirklichkeit auseinander halten zu können. „Vairagya" bzw. „απαθεια", das sind Losgelöstheit, Standhaftigkeit und Leidenschaftslosigkeit, aber braucht es, um den niederen Impulsen zu widerstehen und unserem Sog zur bunten Vielfalt der Welt standzuhalten, ihnen gelassen zu entsagen.

Nicht mit Gewalt gegen uns selbst, sondern aus der Freiheit des Herzens und der Einsicht unseres Geistes wollen wir uns entscheiden. Denn wer aus Ehrgeiz und Gewalt seinen Weg wählt, in dem kommen das Begehren und die Neigungen seines Verstandes nicht zur Verwandlung und Erlösung, sondern werden ihn noch verstärkt heimsuchen und beherrschen. Wie es heißt: „Nicht durch Macht und nicht durch Kraft, sondern durch meinen Geist, spricht der Herr." (Sacharja 4, 6) Das bedeutet, daß wir die Hilfe der Wesenheiten des Lichtes annehmen und anrufen möchten, um durch sie und mit ihrer Hilfe, die Energien und Muster unserer niederen Neigungen verwandeln und erlösen zu können.

Wie uns der Logos empor zum Einen, so zieht uns unsere Begierde hinab in die glitzernde Erscheinungs-Mannigfaltigkeit der sinnfälligen Welt. Wer sich an das Viele verliert, der ertrinkt „im Meer des Samsara", wer es überwindet, der steigt auf zum Einen. Der Yogi erlangt durch „Vairagya" „Moksha", Befreiung; den Stoiker führt seine απαθεια zur σοφροσυνη (Besonnenheit), und die Sophrosyne wieder zu Sophia (Sanskrit: Prajna) und letztendlicher Ruhe.

Das Zünglein an der Waage aber, das ihren Weg und ihr Schicksal entscheidet, ist die dritte Instanz, ihr Hegemonikon, von Plato "Mut" genannt. Das ist der in die Form der Individualität gefaßte Logos. Von ihm hat sie das Licht des Ich-Bewußtseins und sein Vermögen des vernünftigen Urteils. Sie ist der Sitz der Individualität sowie des individuellen Bewußtseins. Durch ihren Anteil am Logos ist sie Träger des Gewissens, des Unterscheidungs- sowie des Entscheidungsvermögens, also des verantwortlichen Ich als *der* leitenden Instanz unseres Lebens.

Die entscheidenden Funktionen bzw. Kräfte, durch die diese Instanz als Hegemonikon tätig ist und wirkt und sich damit als herrschende Macht manifestiert, ist ihr unerschütterliches Unterscheidungsvermögen (Griechisch: δυναμιν συμφυτον κριτικον – dynamin symphyton kritikon, Sanskrit: Viveka) sowie das auf ihrer Souveränität gründende unbedingte Unbeteiligtsein (Englisch: „detachment") an allem äußeren, sich in der Stofflichkeit der manifesten Erscheinungen vollziehenden Geschehen. Nur dieser beiden Eigenschaften seiner dritten (an sich neutralen) Instanz wegen, vermag der Mensch Herrschaft über seine Instinkte und Begierden zu erlangen und damit seine niedere Natur im Geist des Logos – und mit Hilfe der Wesenheiten des Lichtes – zu verklären und zu überwinden.

Haben wir unser inneres Verlangen, unsere Wahrnehmung sowie all unser Wollen und Streben an JHWH bzw. den Logos angeheftet, uns ungeteilt auf ihn ausgerichtet, so wird er selbst zu der uns ziehenden und lenkenden Kraft. In dieser Funktion wird er, der Logos, als Hegemonikon, die leitende Instanz unserer Seele, bezeichnet.

Wie es heißt: „Siehe! Ich stehe vor der Tür und klopfe an. So einer meine Stimme hört und das Tor öffnet, werde ich bei ihm eintreten und mein Liebesmahl halten mit ihm und er mit mir." (Offb. 3. 20) Dieses Wort beschreibt unseren Stand vor unserer bewußten Wahl. Haben wir den Ruf vernommen und uns zu seiner Nachfolge und Gefolgschaft erwählt, so haben wir ihn damit zum Lenker unseres Wagens, das ist unserer Seele und unseres Schicksals erkoren.

Das ist es, was uns die Bhagavad Gita in ihrem Bild des Wagenlenkers vermitteln möchte: Die Pferde sind die Sinne und Begierden,

Arjuna, der Kutscher, ist unser individuelles, in den Kampf ziehendes Ich, Krishna aber der wahre Lenker, der die Zügel fest in Händen hält. Er ist es, der unser Ringen zwischen Himmel und Erde zu Gunsten des Lichtes siegreich entscheidet. In, mit und durch Ihn erobern wir das Himmelreich, das ist Befreiung von allen Bindungen und Vollendung unserer Seele im Bild und Gleichnis des νους.

Krishna ruft ja Arjuna auf, auf Kurukshetra in den Kampf zu ziehen. Dort erkennt Arjuna, daß das feindliche Heer, gegen das er zu kämpfen aufgerufen ist, aus seinen nächsten Verwandten besteht, an die er vormals sein Herz verlor. Diese Verwandten sind Sinnbilder all seiner inneren Verhaftungen und seines Gebundenseins. Diese Bindungen möchte er um der Freiheit und des Aufstiegs willen, mit dem (zweischneidigen) Schwert von Unterscheidung (Viveka) und entschiedener Entschlossenheit (Vairagya) durchtrennen. Darin besteht sein Sieg, daß er alle Bindungen aus freien Stücken und ohne „Wenn und Aber" überwindet. "Wer überwindet, dem will Ich (JHWH bzw. der zu Seiner rechten sitzende Logos) die Krone des Lebens geben." (Offb. 2. 10) Und in den Worten Johann Wolfgang von Goethes: „Von der Gewalt, die alle Wesen bindet, befreit der Mensch sich, der sich überwindet."

Das ist auch, was uns Jesus in seinem Gleichnis vom Schwert in solch entschieden klarer Sprache verdeutlicht: „Ich bin nicht gekommen, Frieden zu bringen, sondern das Schwert! Ich setze Zwietracht zwischen Vater und Sohn, Mutter und Tochter, Schwiegersohn und Schwiegermutter etc. mit einem Wort: zwischen dem Menschen und seinen Nächsten. Wer einen derselben mehr liebt als Mich ist Meiner nicht wert." Auch dieses Wort bezieht sich auf all diejenigen Menschen, ja all das überhaupt, was nicht in Gott oder seiner Idee in Gott nach, sondern seiner äußeren Erscheinung nach genommen wird. Nur, wer sich von aller Äußerlichkeit, das ist von aller emotionalen Bindung an irgendeine Kreatur und auch von der Eitelkeit des kleinen Ich befreit, kann vollkommen in der grundlosen Innerlichkeit des Selbst aufgehen.

Aber noch einmal: Die Überwindung und Erlösung jener Seelenkräfte, die uns behindern und binden, kann nicht in einem Akt der

Selbstbeherrschung – also durch Gewalt gegen sich selbst – erfolgen, sondern nur aus der wertungsfreien Erkenntnis des Herzens und durch die beharrliche und geduldige Zusammenarbeit mit den Kräften und Wesenheiten der geistigen Welt.

Unser Weg der Befreiung und des Aufstieges kann nur ein Weg der Einsicht und des Herzens sein. Wir erinnern uns an die Worte Yajnavalkyas: „Wer sein Weib, sein Kind, oder was auch immer liebt, liebt es um des Selbst willen."

Desgleichen vermittelt uns das Bild von der Wägung des Herzens beim Gericht über die Seele im Alten Ägypten. (Siehe Abbildung 2) Dieses zeigt, wie die Seele nach dem Tod im Jenseits vor eine Waage geführt wird, in deren linke Schale ihr „fleischliches" Herz (Altägyptisch: „Ab") – Symbol ihrer niederen Natur und Neigung – gelegt wird, um gegen die Wahrheit (Altägyptisch: „Maat"), symbolisiert durch die Feder der Maat (= hier: die Göttin von Wahrheit und Gerechtigkeit, Griechisch: Δικη (Dike)) in der rechten Schale, gewogen zu werden. „Ab" und „Maat" versinnbildlichen die beiden Pole unserer niederen Neigung und der göttlichen Stimme in uns. Die Waage wird befragt, um anzuzeigen, welcher Seite der Mensch in seinem Leben die Oberhand gegeben, „was er vorausgeschickt und was er hintangestellt" hat. (Koran, Sure 75, Die Auferstehung)

Nun stehen neben der Waage Thoth und Horus, der Schreiber Gottes und das Christusbewußtsein als unsere Zeugen, um das Ergebnis der Wägung abzulesen und im Buche des Lebens, das ist in der Akasha-Chronik bzw. der Aura unserer Seele aufzuzeichnen. Interessant ist es im Bilde zu betrachten, daß der Blick der beiden göttlichen Zeugen nicht auf den Ausschlag der Waage, sondern auf „Tekh", das „geistige" Herz des Menschen gerichtet ist, das von den Ägyptern in kleinerer Form (als „Ab") und an dünnem Faden an dem aus dem rechten Waagebalken, also der Seite von Maat, hervorgehenden Zünglein der Waage hängend, dargestellt ist.

„Tekh", das ganz und gar unserer dritten Instanz, also unserem verantwortlichen, bewußten Ich bzw. dem „Citta" der Inder entspricht, hat deren ungeteilte Aufmerksamkeit. Denn „Tekh", unser geistiges Herz, das der Sitz unseres Unterscheidungs-, Urteils- und

Entscheidungsvermögens, also der verantwortliche Kern unseres Menschseins ist, ist es, der zu tausenden Gelegenheiten seines Erdenlebens jeweils zwischen „Ab" und „Maat", sinnlicher Begierde ($\epsilon\pi\iota\vartheta\upsilon\mu\iota\alpha$) und göttlicher Wahrheit ($\lambda o\gamma o\varsigma$), gewählt hat. „Tekh", unsere dritte Instanz, ist der geistige Ort, wo sich unser Schicksal entscheidet. Dort hinein, in die verborgene Kammer unseres Herzens, schaut der Geist, der uns ergründet. Wie Jeshua sprach: „Nicht Ich komme euch zu richten, sondern ihr seid schon gerichtet, durch all die Worte, die ihr in eurem Herzen gesprochen habt." Die Worte, die wir in unserem Herzen sprechen, sind aber all unsere Entscheidungen zwischen Gott und Ego, Logos und Begehren, „Maat" und „Ab".

Paulus hat diese beiden Aspekte vereinfacht als „Fleisch" und „Geist" bezeichnet. Dementsprechend sprach er vom beständigen Ringen in unserer Seele. „Denn das Fleisch begehrt wider den Geist, der Geist aber wider das Fleisch etc."

Im Römer-Brief heißt es wörtlich: „Ich wüßte nichts von der Begierde, wenn das Gesetz nicht sagte: „Du sollst nicht begehren!" Nachdem aber die Sünde durch das Gesetz einen Anlaß empfangen hatte, hat sie in mir jedwede Begierde geweckt; denn ohne Gesetz wäre die Sünde tot. Ich selbst lebte einst ohne Gesetz; als aber das Gebot kam, lebte die Sünde auf. Ich starb, und es zeigte sich, daß das Gebot, das zum Leben führen sollte, zum Tod gereichte. Denn die Sünde, die durch das Gebot einen Anlaß empfangen hatte, hat mich getäuscht und mich eben durch das Gesetz getötet.

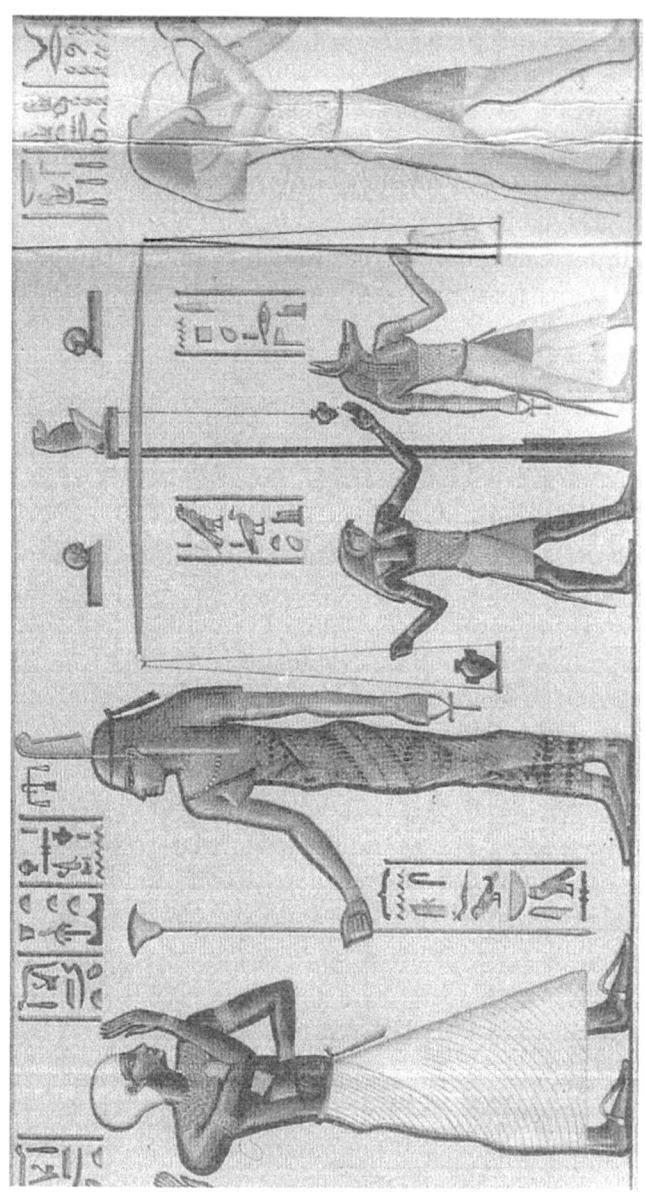

Abbildung 2: Die Wägung des Herzens in der „Halle der doppelten Maat" als Aspekt des Totengerichts

„Das Gesetz ist allerdings heilig, und das Gebot ist heilig und gerecht und gut. So ist [mir] die Sünde ... [vermittels des Gesetzes] zur Ursache des Todes ... geworden."

(Der innere Kampf:) „Wir wissen: Das Gesetz ist geistlich; ich aber bin fleischlich, verkauft unter die Gewalt der Sünde. Was ich tue, verstehe ich nicht. Denn ich tue nicht, was ich will, sondern was ich hasse, das tue ich. Wenn ich aber das tue, was ich nicht will, dann gebe ich dem Gesetz zu, daß es gut ist. Dann handle aber nicht mehr ich (als die dritte Instanz), sondern die in mir wohnende Sünde (die Begierde). Ich weiß, daß in mir, d. h. in meinem Fleisch, das Gute nicht wohnt. Denn das Gute wollen, dazu bin ich bereit, aber nicht, es auszuführen. Ich tue nämlich nicht das Gute, das ich will, vielmehr was ich nicht will, das Böse, das tue ich. Wenn ich aber das tue, was ich nicht will, dann führe nicht mehr ich es aus, sondern die in mir wohnende Sünde.

„Ich finde also das Gesetz, daß mir, der das Gute will, das Böse liegt. Denn ich habe dem inneren Menschen nach Freude am Gesetz Gottes. Aber ich sehe ein anderes Gesetz in meinen Gliedern, das dem Gesetz meiner Vernunft widerstreitet und mich in dem Gesetz der Sünde, das in meinen Gliedern ist, gefangenhält.

„Also gibt es jetzt keine Verurteilung für die, die in Christus Jesus sind. Denn das Gesetz des Geistes des Lebens in Christus Jesus hat dich vom Gesetz der Sünde und des Todes frei gemacht. Was nämlich das Gesetz nicht vermochte, weil es wegen des Fleisches schwach war, das tat Gott. Er sandte seinen eigenen Sohn in der Gestalt des sündigen Fleisches und um der Sünde willen und verurteilte dadurch die Sünde im Fleisch, damit die Forderung des Gesetzes in uns erfüllt würde, die wir nicht nach dem Fleisch wandeln, sondern nach dem Geist.

„Denn die fleischlich geartet sind, trachten nach dem, was des Fleisches ist, die aber geistig geartet sind, nach dem, was des Geistes ist. Das Trachten des Fleisches ist Tod, das Trachten des Geistes aber ist Leben und Friede. Das Trachten des Fleisches ist ja Feindseligkeit gegen Gott; denn es ordnet sich nicht dem Gesetz Gottes unter, kann es gar nicht. Die im Fleische sind, können darum Gott nicht gefallen. Ihr aber seid nicht im Fleisch, sondern im Geist, wenn anders der Geist Gottes in euch wohnt. Wenn aber jemand den Geist Christi nicht hat, so gehört dieser ihm nicht an. Ist aber Christus in euch, so ist der Leib zwar um der Sünde willen tot, der Geist aber ist Leben um der Gerechtigkeit willen. Wenn aber der Geist dessen, der Jesus von den Toten auferweckt hat, in euch wohnt, so wird er, der Christus von den Toten auferweckt hat, auch eure sterblichen Leiber lebendig machen durch seinen in euch wohnenden Geist.

„So sind wir also, Brüder, dem Fleisch nicht schuldig, daß wir fleischlich leben. Denn wenn ihr fleischlich lebt, werdet ihr sterben. Wenn ihr aber mit dem Geist die Werke des Fleisches tötet, werdet ihr leben." (Röm. 7, 7 – 21 & 8. 1 – 12)

Und im Galater-Brief lesen wir: „Gewiß zur Freiheit sind wir berufen, Brüder! Nur macht die Freiheit nicht zum Stützpunkt des Fleischestriebes; dient vielmehr einander in Liebe; denn das ganze Gesetz ist in dem einen Wort erfüllt nämlich: „Du sollst deinen Nächsten lieben wie dich selbst." ...

„Also ich sage: Wandelt im Geiste, dann werdet ihr das Begehren des Fleisches nicht befriedigen. Denn das Fleisch begehrt wider den Geist und der Geist wider das Fleisch; beide liegen im Streit miteinander, damit ihr nicht das tut, was ihr eigentlich wollt. Laßt ihr euch aber vom Geiste leiten, so steht ihr nicht unter einem Gesetze. Offenkundig sind die Werke des Fleisches, nämlich Unlauterkeit, Ausschweifung, ... Feindschaft, Zank, Eifersucht, Zorn, Hader, Zwistigkeiten, Parteiungen, Neid, Schlemmerei und dergleichen. Von diesen Dingen sage ich im voraus, was ich auch früher schon gesprochen habe: die solches tun, werden das Reich Gottes nicht erben. Die Frucht des Geistes aber ist: Liebe, Freude, Friede, Langmut, Milde, Güte, Treue, Sanftmut, Enthaltsamkeit; hinsichtlich dieser Dinge gibt es kein Gesetz. Die, welche Jesus Christus zugehören, haben das Fleisch mit seinen Leidenschaften und Gelüsten gekreuzigt." (Gal. 5. 13 – 23)

All diese Passagen sagen nur eines, nämlich, daß der untere Pol in Liebe überwunden, erhoben, verwandelt, (im Ursprung) verklärt und aufgehoben, der obere aber verwirklicht, das heißt, die in ihm enthaltene (Ideen-) Fülle *in der Seele* zur Entfaltung gebracht werden möchte. Das ist zugleich Parousie und Verklärung, bis hin zur vollständigen Verähnlichung und Wiedervereinigung der Seele mit dem Nous. Das ist mystische Einung, heilige Hochzeit (ιερος γαμος) von Seele und Logos.

6. 2 Der Logos als das Hegemonikon unserer Seele

Der als reinste Vernunft und schöpferische Kraft im oberen Pol der Seele tätige Logos wurde nun in dieser, seiner Funktion als Führungsprinzip der Seele – wie durch Plutarch bezeugt – von den Stoikern, als ηγεμονικον (Hegemonikon) bezeichnet: „Sie nennen es das höchste Glied der Seele, das über die Vorstellungen, die Gedankenzusammenhänge, die Wahrnehmungen und die Seelenbewegungen herrscht. Es wird ... auch Logismos genannt." (Plutarch)

Und Philo verdeutlicht: „Im Hegemonikon hat insbesondere der Logos endiathetos seinen Sitz. Um nicht nur ein Bild, sondern auch ein Gleichnis des Logos zu werden, muß der Mensch die Fülle seiner Seelenkräfte unter das Zepter des Logos als seines Hegemonikon bringen." (Philo)

Wir wollen das recht verstehen. Der Logos regiert in unserer Seele in zwiefältiger Gestalt: Zum einen als höchste Vernunft, als göttlicher Influx, als leitender Impuls, der sie aus ihrer oberen Wurzel emporzieht zur Einung mit Gott, zum anderen aber eben in der Gestalt unseres individuellen, verantwortlichen, bewußten Ich. Gerade dessen Unterscheidungs-, Urteils- und Entscheidungsvermögen ist Ausdruck und Vermächtnis des in unserem Herzen wirkenden Logos unmittelbar. Hierin ist er das Ich unseres Ich, das Licht des „ICH BIN", das unser Herz und unseren Geist erleuchtet, im oberen Pol der höheren Vernunft aber das Leitprinzip unseres Entscheidens. Der Aufrechte sagt: „Dein Wille geschehe!" Er erhebt seinen (individuellen) Geist (Citta) zu seiner oberen Wurzel und folgt dem dort einströmenden Impuls oder Wort. Er erlebt sich aus diesem Zentrum seines Ich als Kind Gottes oder Sproß des Logos, dem er anhängt, um zu ihm aufzusteigen.

Wo wir aber ganz in unserer Mitte, quasi in den Kern und Grund unseres Selbst eingekehrt sind, dort sind wählende Instanz und höhere Vernunft, Logos und individuelles Ich (= individueller Geist) vereinigt und als Einheit tätig. Dort erfahren wir nicht mehr „zwei Willen", nämlich meinen und den des Vaters, sondern nur ein ungeteiltes allumfassendes Wollen und Sein. Hier erlebt der Mensch ganz im Einklang mit dem Zeugnis Christi: „Ich und der Vater sind eins." Da ist der Logos selbst zu seinem Ich geworden.

Wir sagten: „Das Herz ist allezeit mit Gott verbunden." Deshalb ist unser Weg, unser Herzen zu öffnen, uns darin zu verankern und allein aus ihm zu schöpfen. Das ist gleichbedeutend mit der Nachfolge Christi, denn die Impulse des Herzens und der Liebe sind die des göttlichen Willens wie er durch den Logos in unsere Seele fließt und sie weise leitend dort wirksam ist.

Der Mensch hat hier die Freiheit seines Willens an den ab- und zurückgegeben, dessen Wille allein wahrhaft frei ist, weil er mit innerer Notwendigkeit und unmittelbar aus dem Grund seines unbedingten Wesens fließt.

Wo aber unser Herz und Geist, unser Wollen und Tun sich ganz der Vernunft und dem Willen Gottes, dem Logos und der Liebe anheimgegeben und vereint haben, wo wir Sein Sein als unser Sein, Sein Intendieren als unser Intendieren und Sein Wollen und Tun als unseres erfahren, dort ziehen sie auch unsere (geläuterte) niedere Natur mit sich in ihren transzendenten Ursprung, indem sie ihre Neigungen (Vorstellungen, Affekte, Emotionen) überwinden, im Lichte der ewigen Vernunft und ihrer noetischen Schau verklären und in ihrem oberen Ursprung aufheben. Damit ist das Opus Magnus des Jüngers vollbracht, dort ist er auf ewig als Priester geweiht und zu einem „Trismegistos", einem Mitregenten Christi und Herren über die drei Welten geworden.

Origenes nannte das Hegemonikon den Raum, in dem der Logos regiert. Er gebrauchte für es auch das lateinische Wort: „principale cordis", das Führungsprinzip des Herzens. Das betrifft jene Seele, die in besagter Weise die Wachsamkeit ihres Herzens ganz im Lichte des Logos aufgehen ließ bzw. sich ganz an ihre innere Stimme, das Wort Gottes in ihr, angeschmiegt hat. Hier bilden Logos und individueller Wille eine Einheit, die in eben dieser Einheit über sämtliche Regungen der Seele, ihre oberen wie auch ihre unteren, regiert, die letztlich allesamt in eins zusammenfließen.

Auch das ordnende Denken (συγκαταθεσις) und die inneren Seelenregungen (Griechisch: ορμαι; Sanskrit: Vasanas – Neigungen) unterstehen der Herrschaft des Hegemonikon und sind ihm unterworfen. Deshalb wird es auch als "das dem Logos entsprechende leitende Prinzip" genannt. Damit ist gesagt, daß das Hegemonikon *die* lenkende Kraft aller seelischen Tätigkeiten und Regungen in uns sein möchte.

In diesem Sinne spricht jeder wahre Adept und Jünger bei sich: „Wir lassen uns einzig von der Erkenntnis (γνωσις) des wahren Gottes und seines Logos leiten; diesem Logos, der da ist ... das Prinzip (αρχη), die Weisheit (σοφια) und die Kraft (δυναμις) des Allerhöchsten."

Im dem aus dem Geiste Jeshuas inspirierten Buche „Göttliche Heilung von Seele und Leib" von Murdo McDonald-Bayne's heißt es: „Laßt den Geist Christi in eurem Innern euren einzigen Führer sein." (7. 115) ... „Ich bin es, der in eurem Innern lebt, der euch führt und euch hilft, den Weg zu wählen; Ich dränge euch, die Wahrheit von dem *einen,* allein lebendigen Gott zu erkennen." (4. 21)

„Der Geist in euch ist der Christus Gottes, und der Geist kann nicht weniger als das Allumfassende sein; so laßt den Christus in euch von Seele und Körper Besitz ergreifen, und alles, was ihr erhofftet, wird geschehen." (5. 88)

„Bedenkt, das Wort war im Anfang, und dieses selbe Wort war Gott, und Gott war das Wort, so seid jenem Wort treu. ... Bedenkt, das Wort war im Anfang, und das Wort wurde Fleisch und wohnte unter uns. Eure Gedanken sind das Ausatmen dieses Wortes, des Urgrundes von allem. „Ich bin das Wort, und Mein Wort kehrt nicht leer zu Mir zurück, sondern führt das aus, wozu es ausgesandt wird. ... Der Geist offenbart Mich, den Christus Gottes, allezeit, und der

Geist wird euch in alle Wahrheit leiten. Die Wahrheit aber ist es, die euch frei macht." (5. 89 - 92)

„Der den Willen des Vaters vollführt ist der Mittler; denn ein Mittler ist der Logos, der beiden gemeinsam ist: er ist Gottes Sohn und das Heil der Menschen; er ist Gottes Diener und unser Lenker." (Paulus) Denn er ist das Bindeglied zwischen unerschaffener und erschaffener Welt, wie auch zwischen dem absoluten Geist und dem kleinen, individuellen Ich des Menschen.

„Es ist besser zu schweigen und das eigene Sein zu erfüllen, als zu reden und das Gesprochene nicht durch das eigene Sein darzustellen. Gut ist das Lehren, wenn der Lehrer tut, was er lehrt. Einer ist nun der Lehrer, der da sprach – und es geschah. Was er aber im Schweigen getan hat, das ist seines Vaters würdig. Wer sich das Wort (den Logos) Jesu wahrhaftig angeeignet hat, kann auch sein Schweigen hören, damit er vollkommen wird; damit er tut, wovon er spricht, und erkannt werde durch das, worüber er schweigt." (Ignatius, 3. Bischof von Antiochia)

Auf diese Weise und in freien Stücken sich ganz dem Logos unterwerfend, gelangen wir zur völligen Verwandlung und Verklärung (zur Transformation und Transfiguration) unserer niederen Natur. So gewinnt sie durch alchimische Wandlung ihrer Elemente alchimisches Gold, das ist der Verklärungs-, Licht- und Auferstehungsleib im Bilde und Gleichnis Christi.

Darum wird der affektfreie (απαθης) Mensch – ‚selig der Mensch, der sich selber überwindet' – selbst als Logos bezeichnet und unsere innere, der Vernunft anheimgegebene und nun all unsere Affekte und Emotionen beherrschende, siegreiche Individualität, als Abbild und Gleichnis des Logos, als ανθρωπος απαθης!

„Wie er haben sie die Gerechtigkeit geliebt und die Ungerechtigkeit gehaßt, und deshalb hat sie Gott, der Gott des Χριστος (des Gesalbten), auch mit dem Freudenöl gesalbt (χριειν)". (Hebr. 1. 9)

„So wird der logosdurchdrungene Mensch sowohl nach der Seite der Tugend als auch nach der Seite der Erkenntnis, also sowohl hinsichtlich der Apatheia als auch der Gnosis ein Abbild des Logos."

„Der Logos macht durch himmlische Lehre den Menschen göttlich (ϑεομοιουν). Wer sein Leben der Wahrheit zuwendet, wird gleichsam aus einem Menschen ein Gott." (Clemens) Sagt auch Heraklit „Menschen sind Götter und Götter sind Menschen! Denn das [Prinzip der] Vernunft ist das gleiche."

„Jenes Licht ist ewiges Leben. Und alles, was an ihm teilhat, lebt. Alles ist ein Licht geworden, das sich nimmermehr zum Schlummer neigt. Und der Untergang hat sich in Aufgang verwandelt. Dies bedeutet die „neue Schöpfung" (Gal. 6. 15); denn die Sonne der Gerechtigkeit, die das Weltall durcheilt, durchwaltet nun in gleicher Weise auch die Menschheit."

Die Sonne der Seele ist der heilbringende Logos und seine Gerechtigkeit (Maleachi). Durch diese Sonne allein wird das Auge der Seele erleuchtet, wenn jene im Innern der Tiefe des Herzens aufgegangen ist.

Der Abstand des Menschen gegenüber dem Logos bleibt aber durchaus gewahrt, denn der Mensch kann zwar der Wahrheit, der Weisheit, der Gerechtigkeit teilhaftig werden, der Logos aber ist diese selbst und zwar alle auf einmal. Er ist die Wahrheit an sich (αυτοαληϑεια), die Gerechtigkeit (αυτοδικαιοσυνη) an sich, die Weisheit an sich (αυτοσοφια), also die Matrix der Ideenfülle des Nous im Ganzen.

Origenes faßt die Mitgift, die Universum und Mensch vom Logos als dem Bildner der Welt erhalten haben, in drei Begriffen zusammen. Diese sind:
- das Naturgesetz (lex naturae),
- die Vernunft (sensus rationabilis) und
- die Freiheit des Urteils (libertas arbitrii).
Ins Griechische rückübersetzt heißen sie:
- der Nomos (das Gesetz) als Aspekt des Logos;
- Nous und Noesis, die Logosfähigkeit bzw. Vernunft des Menschen und
- die αυτοξουσια (Selbstvollmacht), also die Freiheit des Willens.

Ins moderne Deutsch übertragen würden wir sagen: sie sind Gesetz und Gesetzeseinsicht, Vernunft und Gewissen sowie Urteilskraft und Freiheit.

„Wer den Logos in sich hat aufgenommen, der ist völlig in seinem Lichte und seinem Glanze aufgegangen und mit ihm ein Geist geworden."

Wer sich dem Logos und der Weisheit und der Wahrheit als seinem wahren Herren (κυριος) angeschlossen, ja unterworfen hat: „ist ein Geist mit ihm" (1. Kor. 6. 17).

Bei Heraklit heißt es: „σωφρονειν αρετη μεγιστη και σοφιη αληϑεα λεγειν και ποιειν φυσις επαιοντας.

- „Das Denken ist das größte Vermögen, Weisheit aber ist, das Wahre zu sagen, und zu tun, was das Wesen (= das Selbst) gebietet." (Fragmente B 112)

„Wie uns die Glieder so gegeben sind, daß sie zu einer bestimmten Art (ratio) zu leben gereichen, so ist uns auch der Logos nicht zu einer *beliebigen* Lebensart, sondern zu einer *bestimmten* Form des Lebens gegeben: sie ist nicht nur Ratio (Vernunft, Logos), sondern vollendete Ratio (perfecta ratio, ausgebildeter Logos)." (Cicero)

Die dem Menschen durch Vereinigung mit dem Logos erteilte Würde umschrieben die Stoiker gerne mit dem Begriff des Tischgenossen der Götter: „Der Mensch erlangt die Würde eines Tischgenossen der Götter und nicht nur eines Tischgenossen, sondern auch eines Mitregenten (συναρχον)." (Epiktet) „Der Logosdurchdrungene ist Genosse der Götter." (Seneca)

„Er erlangt diese Gemeinschaft der Götter nicht vermittels einer äußeren Gemeinschaft, sondern vermittels der allen gemeinsamen Gemeinschaft des Logos." (Marcus Aurelius) Hier steht die Stoa, wie auch Plato, ganz im Geiste des Begreifens des Abendmahls Christi als dem Fundament des Neuen Jerusalem.

Wer nicht über eine solche Herrschaft über seine Sinne und Begierden, Vorstellungen und Emotionen verfügt, dessen Geist (Citta, Mind) ist noch nicht dem Logos verbunden bzw. von ihm überformt, sondern mehr seiner eigenen Erscheinungsform (d. i. der Persona) sowie der Welt der Sinne verhaftet. Seine Seele ist mehr oder minder der Hyle (also der substanzlosen Stofflichkeit der Erscheinungen) verfallen und steht damit noch unter ihrer Herrschaft. Hier braucht der Mensch, will er seine Seele aus dem Sog des Nicht-Seins befreien, nicht nur Unterscheidung und Loslösung (Sanskrit: Viveka und Vairagya; Griechisch: Krinein und Apatheia), sondern feste Entschlossenheit und echte Nachfolge. Er möchte sich in Herz und Seele ganz an das Licht und die Liebe des Logos klammern und der Macht des Verstandes und der Begierden ohne Wanken widerstehen.

Die christlichen Mystiker haben sich ganz an Jeshua gehalten, den sie als Verkörperung des Logos und der von ihm ausgehenden Gnade ansahen. Ihn suchten sie als die aus der Transzendenz herabsteigende Gnade und Barmherzigkeit Gottes zu empfangen. An ihn haben sie ihr Herz geheftet, ihm gedient, ihn in Worten und Taten gepriesen und durch ihr Leben verherrlicht. So haben sie die erhebende Kraft und Fülle des reinen Geistes erfahren und darin mit Leichtigkeit die Welt der Sinne zurück gelassen. Es ist wie Meister Eckhart ausdrückte: „Wer nur einmal die unbegrenzte Liebe Gottes verkostet hat, der läßt die ganze Welt fallen wie eine Erbse." Wer die Fülle der Substantialität des Geistes gegenüber der substanzlosen Hyle der sinnfälligen Welt erkannt hat, der hat sich gegenüber der Macht von Hyle und Maya emanzipiert. Wie es heißt: „Erkennet die Wahrheit, und sie wird euch frei machen."

7. Das Wesen des Menschen ist die Dreieinheit von Geist, Seele und Leib

Erhebt sich die Frage: Was ist der Mensch?

Das Wesen des Menschen ist Geist, Seele und Leib. Seinen innersten Kern bildet der Logos als Träger des universellen Ich sowie der jeweiligen Individualität. Er hat seinen Sitz im Heiligen Herzen. Denn dieses ist allezeit mit Gott verbunden und in ihm fließen alle Regungen der Seele in eins zusammen.

Im Menschen bilden Geist und Seele eine Einheit. Der Geist als Ursprung und Ausgang der Seele bleibt ihr nach ihrem Hervorgang aus ihm in Gestalt des Logos lichthaft immanent. Als Prinzip der Einheit, das der sich in Vielfalt auseinanderfaltenden Seele vorausgeht, ist der Geist das obere Licht der Seele kraft dessen sie sich geistig schauend als mit sich selbst identische Einheit weiß. Der Logos west und wirkt in der Seele als ihr eigentlicher Grund vor aller Selbstentfaltung sowie die ihr ursprünglich eigene unentfaltete Einheit individuellen Ich-Erlebens. Diese Einheit ist zugleich Prinzip und Sitz des Selbstbewußtseins und damit unser eigentliches, höheres, geistiges Selbst, durch das wir mit der All-Einheit des absoluten Geistes identisch sind. „Ich Bin aus mir selbst leuchtendes Licht und Leben." „Ana al Haqq" – „Ich bin die Wahrheit, aus der alle Welt fließt." „Mein Licht ist mein Wirken und mein Wirken ist mein Licht – frei und aller Vermittlung ledig."

Der absolute Geist bildet unser wahres Wesen, ohne Teil unseres individuellen Ich zu sein. Er wohnt und wirkt in uns zugleich als universelles Prinzip (κοινος) als auch als individuelle Form (ιδιος); allgemein, weil er unteilbar Einer und überall und in allem derselbe ist, individuell, weil jeder ihn als Ganzes (ολος) im Grunde seiner Seele selbst besitzt. Desgleichen besitzen wir auch die Ideen in doppelter Weise in uns: einmal realiter im Geiste als ungeschiedene Totalität und alle auf einmal und zumal, das andere Mal potentialiter als auseinandergelegte Vielfalt unserer sich in der Zeit verwirklichenden Seele. Das aber ist höchste Selbst-Verwirklichung: die diskursive Entfaltung aller Seinsvollkommenheit des absoluten Geistes in unserer individuellen Seele.

Der Seelengrund, kraft dessen wir uns als bewußtes Ich erfahren, ist eingefaltet in die All-Einheit des Geistes und damit selbst ein Moment der intelligiblen Welt. Als konkrete Totalität ist das intelligible Ganze aller Ideen wie in uns so auch in jedem seiner Momente als Ganzes ganz. So ist der absolute Geist als Grund unseres bewußten Selbst für uns zugleich universell und individuell. Während wir in unserer Identität mit dem Geist zwar unsere sich verzeitlichende biographische Individualität transzendieren, ist er auch Grund der Einheit je meines Selbstbewußtseins und insofern individuell als nämlich unverwechselbar und unik (En. IV 3, 5). Das konkrete, empirische Ich konstituiert sich dadurch, daß *ich* den Geist diskursiv entfalte und zwar auf *je meine* individuell besondere, das heißt räumlich, zeitlich und qualitativ einmalige Art und Weise. Dieser Entfaltung liegt ein je spezifisches ich-bildendes εἶδος zugrunde, woran der Logos die in ihm enthaltene Ideenfülle – ganz in Entsprechung zu einem Kristall oder Prisma – denkend und handelnd in das ihn partikulär auszeichnende Spektrum konkreter Seins-, Denk- und Lebensformen wie auch –inhalte aufspaltet. Auf diese Weise ist das individuelle ich-bildende εἶδος einem unsichtbaren Juwel vergleichbar, das im Licht der Sonne seinen ganz spezifischen und unverwechselbaren regenbogenartigen Glanz um sich breitet. Wie das Eidos, so erscheint die Aura des zur menschlichen Seele individuierten Logos.

Diese individuelle Selbstentfaltung der Seele in unserem Wollen, Denken und Tun ist nur wegen ihrer unmittelbaren Teilhabe an der Einheit des Geistes und der Ideen möglich; denn ohne die Fülle der Ideen hätte sie nichts, was sie differenzierend entfalten könnte und ohne die Einheit des Geistes zerflösse sie in die Vielfalt des Entfalteten. Die Einheit von Logos und individuellem Eidos bildet also den festen Grund unseres individuellen Seins und Ich. Da die Individualität selbst ein manifestiertes εἶδος und als solche Manifestation stofflicher Natur ist, hat sie auch eine naturgemäße Affinität zu allem Stofflichen und Zeitlichen. Damit hat die individuelle Seele zugleich Anteil an der oberen und der unteren Welt und durch diese Anteile hat sie auch Anteil an deren gegensätzlichen Eigenschaften. Während der Logos Inbegriff aller Vollkommenheit und Tugend ist, ist die individuelle, zugleich Ewigkeit und Zeit umfassende Seele in sich bedürftig und formbar. Deshalb bedarf sie der Rückwendung in ihren Ursprung, um sich nach dem Bild und Gleichnis des Logos selbst zu vollenden.

Plato bestimmte die ungeschaffene und unsterbliche Geistseele, die selbst göttlich ist, als das eigentliche Selbst und Wesen des Menschen. Ihre doppelte oder polare Natur bestimmt denn auch das Wesen und den Charakter des menschlichen Lebens als ein Ringen um Überwindung der Begrenzungen von Stoff und Zeitlichkeit und damit zugleich um die Manifestation der transzendentalen Seinsvollkommenheit des Selbst in der Seele.

Plotin wiederum vertieft Platos Ansatz und bestimmt den Menschen als universelles Wesen, das intelligible und sinnliche Welt in sich zu einer *individuellen Totalität* zusammenfaßt. "Die Seele ist Vieles, ja Alles, das Obere wie das Untere, bis dahin, wohin jedes Leben reicht; jeder von uns ist ein intelligibler Kosmos. Mit den unteren Seelenteilen berühren wir den sinnlichen Bereich, mit den oberen, die in der geistigen Welt wurzeln, das Intelligible. Mit unserem geistigen Teil bleiben wir ganz in der geistigen Welt, nur in ihren (der Seele) unteren Teilen sind wir gefesselt an die untere Welt; wir empfangen und schöpfen aus dem Oberen und offenbaren und bezeugen es in der unteren Welt." (En. III 4, 3, 21 – 27)

Als gleichsam weltbildendes, schöpferisches Prinzip unterliegt die Seele (Purusha) nicht der Kausalität der Natur (Prakrti). Kraft ihrer Spontaneität als erstbewirkende Ursache ($\pi\rho\sigma\tau\sigma\nu\rho\gamma\sigma\varsigma$ $\alpha\iota\tau\iota\alpha$) ist sie in sich frei. "Die Akte der Seele dürfen darum weder als Wirkungen der natürlichen Ursachenverkettung noch als Glieder innerhalb dieser angesehen werden, ... [vielmehr] bestimmt ... sich [die Seele] in ihren Tätigkeiten selbst und setzt damit den Anfang eines eigenen Wirkungszusammenhanges. (En. III 1, 8 – 9; III 2, 10) Diese Freiheit ist bei der inkarnierten Seele zwar dadurch eingeschränkt, daß sie in ihrem Handeln den Gesetzmäßigkeiten der Natur sowie bestimmten historisch kontingenten sozialen und biographischen Umständen unterworfen ist, nicht aber aufgehoben. "Solange die Seele ohne Leib (und Ego) ist, ist sie vollkommen Herr über sich selbst ($\kappa\nu\rho\iota\sigma\tau\alpha\tau\eta$ $\varepsilon\alpha\nu\tau\eta\varsigma$) und frei ($\varepsilon\lambda\varepsilon\nu\vartheta\varepsilon\rho\alpha$) und steht außerhalb der innerweltlichen Verursachung, gerät sie aber in den Leib, so ist sie nicht mehr in allem unabhängig, sondern in Zusammenhänge mit anderem gestellt. Soweit die Akte der Seele durch Vernunft und Einsicht motiviert sind, sind sie – mit Ausnahme der natürlichen Begrenzung ihrer Inkarnation – soweit sie nicht durch selbstverursachtes Schicksal karmisch gebunden und durch falsche Identifikation unter die gesetzmäßigen Begrenzungen der Identifikate unterworfen ist, selbstbestimmt und freigewollt." (Halfwassen: Plotin, V 4.)

114

Nach Plotin und Meister Eckhart ist schon der Heraustritt der Seele aus dem Geiste selbstgewollt und frei. Sowohl ihr Abstieg in den Stoff aber mehr noch ihre Rückkehr zum Geiste und ihr Aufstieg in ihn und durch ihn zum Einen ist selbstbestimmter Vollzug ihrer Freiheit. Diese Freiheit hat ihren Ursprung in der Vernunft und da die Seele diese vom Geiste hat, liegt die Ursache der Freiheit der Seele in der Natur des Geistes. Da der Geist aber seinerseits aus dem Einen hervorgeht, ist der Grund und Ursprung aller Freiheit überhaupt allein in der absoluten Freiheit des Einen, die in dessen absoluter Transzendenz gründet.

Denn frei ist nicht schon, was jedes äußeren Zwanges entbehrt, sondern erst, was in freien Stücken aus der Autokratie der Vernunft, das ist dem Einen, herausfließt. Was einer aus blinder Leidenschaft tut, kann niemals frei sein, weil es nicht in der Herrschaft des Selbst bzw. der Vernunft unserer Seele seinen einzigen Grund hat, sondern vielmehr in stofflichen Anteilen der Begierdenseele. Wie Paulus es später sagen sollte: "Das Gute, das ich liebte, das tat ich nicht, das Böse aber, das ich hasse, das tat ich allezeit. Denn ich stand unter der Herrschaft des Fleisches und nicht des Geistes … und dem Gesetz der Sünde, die in mir wohnte." … "Allein der Geist ist willig, das Fleisch aber ist schwach." (Römer & Galater)

Das Prinzip der Freiheit und des freien Willens ist Vernunft und Einsicht und diese bilden das Wesen des Geistes. Der eigentliche Ort der Freiheit ist also der Geist als Inbegriff der Vernunft; deshalb ist auch allein der Geist im eminenten Sinne frei. Da der absolute Geist aber ewig und unveränderlich ist, verhält es sich so, daß seine Freiheit nicht etwa in einer Wahl besteht, sondern vielmehr darin, daß er sein eigenes Wesen ungehindert verwirklicht bzw. zeitlos immer schon verwirklicht hat. Die ewige Tätigkeit des Geistes ist Sich-selber-Schauen und –Denken seiner selbst; sie bildet selbst schon dessen Sein (ουσια), Intendieren (ενεργεια) und Wollen (βουλησις). Denn Sein, Denken und Wollen sind in ihm eins und identisch, "sein Wille ist sein Denken." (En. VI 8, 6, 36)

Vollendete Freiheit ist der Geist aber auch deshalb, weil er das in allem Wollen angestrebte Ziel des Guten (αγαθον) immer schon realisiert hat, nämlich als Anblick des Einen, in dem er sich erstmals konstituiert und damit aber auch mit der Idee des Guten selbst erfüllt. Damit enthüllt sich die Freiheit des Geistes als Freiheit des Selbstseins, die auch die Wurzel der Freiheit und des Freiheitsdranges der Seele bildet. Darin hat der Geist sich nicht nur selbst seinshaft bestimmt, als was er sein soll, sondern auch als das, was er sein will. Somit verdankt der Geist sowohl sein Sein als auch seine Freiheit seinem Transzendenzbezug auf das absolute Eine.

Damit bestimmen wir Freiheit letztlich als Sich-selbst-Sein, Sich-selbst-Denken, Sich-selbst-Lieben, Sich-selbst-Wollen und Sich-selbst-Begründen. Da aber die Seele in ihrer unverwirklichten Form immer zugleich sie selbst als auch ein anderes, nämlich sowohl universeller Geist als auch individuelles Selbst ist, kann sie ihre absolute Freiheit erst dann erlangen, wenn sie das, was sie zur individuellen Seele bestimmt, übersteigt und sich in ihrer Wurzel als das, was sie war, bevor sie Seele war, wiederfindet. Erst wenn sie sich von allem Dies- und Das-Sein ablöst und sie zu dem reinen Sein, aus dem sie stammt, zurückfindet, ist sie wahrhaft frei und ewiglich sie selbst ohne den Makel irgendeines Andersseins. Nur in dieser völlig reinen Selbst-Transzendenz findet die Seele ihre letzte und wahrhaft vollendete Freiheit.

Denn einzig und allein die reine Einheit in ihrer absoluten Transzendenz enthält nicht mehr den Unterschied von bestimmendem und bestimmtem Selbst, sondern rein selbiges Selbstsein ohne jede Vermischung. Insofern erscheint das jenseitige Eine selbst als das aus jedem Selbstbezug herausgenommene absolute Selbst. Es ist ursprünglich Es Selbst (προτος αυτος) und über das Sein hinaus Es Selbst (υπεροντος αυτος). Allein kraft seiner absoluten Transzendenz "ist Es als einziges in Wahrheit frei, weil Es auch sich selbst nicht dient, sondern nur Es Selbst und absolut Es Selbst ist, wo doch alles andere sowohl es selbst als auch ein anderes ist." (VI 8, 21, 30 – 33)

8. Der Weg der Seele als Nachvollzug der Vollkommenheit des Geistes (oder: Die Verwirklichung der Christus- bzw. Buddhanatur des Menschen)

Schon Sokrates und Plato, aber mehr noch als diese wies Plotin den Weg vom Mythos zum Logos, von der mythischen Himmelfahrt und dem Aufstieg zu Zeus zur Einkehr nach innen. Es ist die Gottheit, die wir suchen oder schauen, die uns in uns selbst hineinzieht. Ich zitiere: „Zeus zieht, obgleich Er der älteste der Götter ist, ... als erster zur Schau jener Welt, und die anderen folgen, die ... Götter und ... die Seelen, welche solches zu erblicken imstande sind. Sie aber scheint ihnen hervor aus einem unsichtbaren Orte und geht hoch über ihnen auf, erleuchtet alles und erfüllt alles mit ihrem Glanze; die unten sind betäubt sie, ... da sie den Anblick [anfangs] nicht ertragen. ... Die aber die Kraft haben hinzusehen, schauen auf sie und ihre Inhalte. ... Die Idee aber, welche über all diesen liegt und gleichsam die ganze Ausdehnung jener Welt durchmißt, sie bekommen als letzte zu Gesicht solche, die zuvor viele klare Schaubilder sahen; die Götter sehen sie, einzeln und in ihrer Gesamtheit, und die Seelen, die dort alles erblicken. ... so daß sie ihrerseits alles in sich behalten von Anbeginn bis Ende. Sie sind dort oben, soviel von ihnen nach ihrem Wesen dort oben sein kann, oftmals auch ganz, wenn sie nicht zerteilt sind.

„Dieses also sieht Zeus, und wer von uns von gleicher Liebe getrieben wird, und sieht zuletzt die über allem verharrende Schönheit als Ganzes, indem er Anteil erhält an jener oberen Schönheit selbst. Denn diese glänzt überhell in allem und erfüllt die dorthin Gelangten, so, daß sie in jener Schönheit verklärt werden." (En. V 8 [31], 10, 1 – 26)

In jener Verfassung tritt die Seele an die Schwelle der Selbsttranszendenz. Tritt sie über die Schwelle, ist sie nicht mehr nur von außen Schauende, „denn da gibt es nicht mehr hier ein Objekt draußen, und dort das es von außen sehende Subjekt, sondern der klar Blickende erkennt das Gesehene in sich selber ... Alles, was der

Geist als Schaubares sieht, sieht er üblicherweise draußen. Er muß es aber in sich selbst finden, es erblicken als Einheit und als das eigene Selbst, so wie ein von Gott ... oder einer Muse Gepackter, in sich selber die Schau Gottes hervorruft, wenn er die Kraft dazu hat, Gott in sich selbst zu erblicken." (En. V 8 [31], 10, 35 – 43)

So gelangen wir von der Anbetung und Verherrlichung JHWH's als des Schöpfers unserer kreatürlichen Individualität und Königs der Welt und der Selbstvervollkommnung in der Nachfolge Christi, über die allumfassende Liebe, schließlich zur Erkenntnis und Verwirklichung unseres Selbst als Reines Bewußtsein, das seinerseits Ursprung und Grund von allem ist – Gott, Welt und Ich.

Üblicherweise strömt der Geist durch die Sinne nach außen, so daß er nur selten zu solcher Schau gelangt. Ist er aber geläutert, so daß er allein nach der Schau des Schönen und Guten verlangt, so wendet er sich von selber nach innen, und zieht die Seele ihm nach.

Um die Herrlichkeit Gottes zu sehen bedarf es des göttlichen Blickes. Göttlicher Blick aber bedeutet Schauen im Lichte des Selbst.

Ein solcher Aufstieg ist dem Menschen möglich, weil er selbst ein Bild des Himmels ist. Der ganze Kosmos, Hen, Nous, Psyche konstituiert unser Wesen. „Jeder von uns ist ein intelligibler Kosmos." (En. III 4, 3, 22) Und der oberste Teil der Seele, der im Hebräischen Neshamah heißt, steht ewig in der oberen Welt. Meister Eckhart nannte diesen Teil der Seele ihr Haupt. Dieses ist eins mit der göttlichen Vernunft. Mit ihr ragt der Mensch weit hinein in die göttliche Welt der reinen Ideen, aus denen der Mensch als Ganzer – wenn auch nur als unvollkommenes Abbild – gebildet ist. Jener Teil schaut in sie und empfängt und verströmt aus ihr Licht und Leben.

Es ist der obere Teil der Seele, der ihren unteren Teil ihm nachzieht. Hat die untere Seele die Stufe des Nous erreicht, indem sie im Nous verklärt selbst Nous ward, so strebt sie zuletzt mit aller Macht nach dem Einen. Sie sucht ihr eigenes Sein zu transzendieren, und sich aller Kreatürlichkeit zu entkleiden. Es liegt ihr an, alle störende Andersheit und Zweiheit, auch das Schöne und den Reigen der Tugenden zu übersteigen und ganz im Einen aufzugehen.

Wie Meister Eckhart sagt: „Die Seele muß sich all ihrer Bildhaftigkeit entbilden und zurückbilden in die bildlose Gottheit." „Nur nackt und bloß geht sie in die nackte Gottheit ein."

Das letzte Hindernis, diese Hürde zu übersteigen, hat schon Plotin klar benannt. Es besteht in der Unfaßlichkeit des Einen: „In dem Maße, wie die Seele ins Gestaltlose vordringt, welches sie gänzlich unfähig ist, es zu erfassen, weil sie nicht allein von ihm bestimmt, [nicht allein vom Stempel des Einen geprägt ist], erfaßt sie Furcht, ein reines Nichts zu ergreifen. ... Wenn aber die Seele lauter und rein für sich allein das Eine zu schauen gewillt ist, dann sieht sie Es, indem sie mit ihm zusammen und eins ist, und eben weil sie mit ihm eins ist, dünkt es sie gar noch nicht zu haben, was sie sucht, weil sie sich von dem Gegenstand ihres Schauens nicht unterscheidet." (En. VI 9, 3 5 – 13)

Dieser Schritt vom Nous zum Einen bedingt völlige Selbsttranszendierung. Er gleicht einem völligen Entwerden, einer Flucht des einfältig und einsam Gewordenen zum ewig Einsamen - φυγη μονου προς μονον. (En. VI 9, 11, 51) Der Geist sieht Es und sich zugleich und ist doch mit Ihm in eins verschmolzen. Er denkt nichts und schaut nichts und sofern er doch denkt oder schaut, denkt oder schaut er lauteres Nichts.

Alles bis zum Letzten ist ein Sich-selbst-Entäußern, Drangeben, Hinstreben, Stillestehen: „Sei still und erkenne, daß Ich, Gott, Bin." So wie die Stille und die Leere nicht durch Worte beschreibbar sind, so ist es auch nicht die Transzendenz im Einen.

„Darum läßt sich von ihm weder reden noch schreiben, wie es heißt: wir reden und schreiben von ihm nur, um zu ihm hinzuleiten, aufzuwecken [den Geist] aus den Begriffen zum Schauen und den Weg zu weisen dem, der zur Schau gewillt ist; denn nur bis zum Aufbruch reicht die Weisung, die Schau aber steht in der Gewalt dessen, der zu sehen gewillt ist." (En. VI 9, 4, 12 – 16) (Vergl. auch Wittgenstein, TLP 7. 3)

Mehr als anderthalb Jahrtausende nach Plotin faßte Ramana Maharshi, der Weise vom Arunachala, denselben Schritt in folgende Worte:

„Wird der Geist nach innen gerichtet, dann offenbart sich Gott als Bewußtsein." (Ramana Maharshi: Gespräche, 26. 8. 1936)

(Denn: „nirgends wohnt Gott eigentlicher als im Bewußtsein." (Meister Eckhart))

„Sie können Gott im Geiste sehen, auch in konkreter Gestalt. ... Aber das ist nicht das Endgültige (Erkennen). Nachdem Gott wahrgenommen worden ist, beginnt die Suche. Sie endet mit der Verwirklichung des Selbst. So ist die Suche die letzte Wegstrecke." (Ramana Maharshi: Gespräche, 29. 9. 1936)

„Das Selbst erkennen bedeutet, das Selbst zu sein." ...

„Man kann weder seinen Körper noch die Welt außerhalb des Selbst sehen. Man sieht alles andere nur, weil man das Selbst ist. Gott und Welt sind im eigenen Herzen. Erkennen Sie den, der sieht, und Sie werden entdecken, daß alles das Selbst ist. Ändern Sie Ihre Sicht! Schauen Sie nach innen! Finden Sie das Selbst! Wer ist die Grundlage von Subjekt und Objekt? Erforschen Sie das, und alle Probleme sind gelöst." (Ramana Maharshi: Gespräche, 18. 1. 1937)

Auf die ernsthafte Frage einer Suchenden, die mehrmals eine überaus beglückende Vision *Sivas* hatte, was sie tun könne, Ihn ewig zu schauen, antwortet der Weise ausführlicher:

„Sie sprechen von einer Vision *Siva*s. Zu einer Vision gehört immer ein Objekt, was wiederum die Existenz eines Subjekts voraussetzt. Der Wert einer Vision ist derselbe wie der des Sehers, d. h. das Wesen einer Vision ist auf der gleichen Gewahrseins-Ebene wie das des Sehers. Ein Erscheinen schließt auch das Verschwinden ein. Eine Vision kann nicht ewig andauern – aber *Siva* ist ewig.

„Eine Vision von *Siva* zeigt an, daß Augen da sind, zu sehen; hinter dem Sehen liegt der Intellekt und hinter beiden befindet sich der Seher, dem das Bewußtsein zugrunde liegt. Eine Vision ist nicht so bedeutungsvoll, wie meist angenommen wird, denn sie gelangt nicht aus ‚erster Hand' zu uns, sondern ist das Ergebnis mehrerer Phasen des Bewußtseins, die aufeinanderfolgen. Doch während die Phasen sich verändern, bleibt das Bewußtsein selbst unveränderlich. Es ist *Siva*. Es ist das Selbst.

„Eine Vision setzt einen Seher voraus; dieser kann die Existenz des Selbst nicht verneinen. Es gibt keinen Augenblick, in dem das Selbst als Bewußtsein nicht existiert, noch kann der Seher vom Bewußtsein getrennt sein. Dieses Bewußtsein ist das ewige Sein – und das einzige Sein. Der Seher kann sich nicht selbst sehen. Verneint er seine Existenz, weil er sich selbst nicht mit den Augen in einer Vision sehen kann? Nein. Also bedeutet ‚Vision' nicht ‚sehen', sondern ‚sein'.

„‚Zu sein' heißt, bewußt zu sein – deshalb heißt es: ‚ICH BIN DER ICH BIN'; ‚ICH BIN' ist *Siva*. Nichts kann ohne Ihn sein. Alles hat sein Sein in *Siva* und von *Siva*.

„Fragen Sie: ‚Wer bin ich?'! Dringen Sie tief in sich ein und verbleiben Sie als das Selbst. Das ist *Siva* als ‚Sein'. Erwarten Sie keine weiteren Visionen. Was ist der Unterschied zwischen den Objekten, die Sie sehen, und *Siva*? Er ist beides, Subjekt und Objekt. Sie können gar nicht ohne Siva sein. Siva ist immer verwirklicht, hier und jetzt. Wenn Sie glauben, Sie hätten Ihn nicht verwirklicht, haben Sie unrecht. Dieser Gedanke hindert Sie an der Verwirklichung Sivas. Geben Sie ihn auf, und die Verwirklichung ist da.

...

„Kann es ein Individuum ohne *Siva* geben? Auch jetzt ist Er Sie. Das ist keine Frage der Zeit. Wenn es einen Augenblick der Nicht-Verwirklichung gäbe, könnte sich die Frage nach der Verwirklichung erheben. Aber tatsächlich ist es so, daß Sie gar nicht ohne Ihn existieren können. Er ist in Ihnen bereits verwirklicht, ewig verwirklicht, und niemals nicht-verwirklicht.

„Liefern Sie sich Ihm und Seinem Willen aus, ob Er Ihnen erscheint oder entschwindet. Wenn Sie Ihn bitten, Er möge nach Ihren Wünschen handeln, dann ist das keine Hingabe, sondern Eigenwille. Sie können nicht verlangen, daß Er Ihnen gehorcht, und trotzdem glauben, Sie hätten sich ausgeliefert. Er weiß, was das Beste ist und wann und wie es zu geschehen hat. Überlassen Sie alles ganz Ihm. Die Last trägt Er allein. Sie haben keine Sorgen mehr – Er hat sie übernommen. Das ist echte Hingabe. Das ist *bhakti*.

„Oder erforschen Sie, wem diese Fragen kommen. Tauchen Sie tief in Ihr ‚Herz' ein und verbleiben Sie als das Selbst. Einer dieser zwei Wege steht jedem Strebenden offen.

„Es gibt niemanden, der nicht im Bewußtsein lebt und nicht *Siva* ist. Er ist nicht nur *Siva*, sondern auch alles andere, dessen er gewahr oder nicht gewahr ist. Und doch glaubt er in schierem Nichtwissen, daß er das Universum in vielfältiger Gestalt sähe. Schaut er aber sein Selbst, dann wird er gewahr, daß er vom Universum nicht getrennt ist. Tatsächlich verschwindet seine Individualität samt allen anderen Daseinsarten, obgleich sie in ihren Formen weiterbestehen. *Siva* wird als Universum gesehen. Die zugrundeliegende Substanz aber sieht der Seher nicht.

„Denken Sie an den Mann, der nur den Stoff sieht, aber nicht die Baumwolle, aus der er hergestellt wurde. Oder an den, der nur die Bilder sieht, die über die Leinwand gleiten, aber nicht die Leinwand selbst als deren Hintergrund. Oder aber an den Mann, der die Buchstaben sieht, die er liest, aber nicht das Papier, auf das sie geschrieben sind. Der gewöhnliche Mensch sieht die Objekte im Universum, aber nicht *Siva* in diesen Formen. *Siva* ist das ‚Sein', das die Formen annimmt, und das Bewußtsein, das sie sieht. Das heißt, daß *Siva* die Substanz ist, die Subjekt und Objekt zugrunde liegt, gleich ob es sich um *Siva* in Ruhe, Siva in Tätigkeit, *Siva* und *Sakti* oder *Siva* als Schöpfer und Universum handelt. Wie man etwas auch immer benennen mag, es ist immer Bewußtsein, sei es in Ruhe, sei es in Bewegung. Wen gibt es, der nicht ‚bewußt' wäre? Wer ist demnach nicht verwirklicht? Wie aber können dann Zweifel an der Verwirklichung oder der Wunsch nach Verwirklichung auftauchen? Nur wenn ich meiner selbst nicht gewahr bin, kann ich sagen, daß ich *Siva* nicht wahrnehme.

„Diese Fragen entstehen, weil Sie das Selbst auf den Körper [oder ihr individuelles Sein] begrenzt haben; nur dann tauchen die Vorstellungen von ‚innen' und ‚außen', von Subjekt und Objekt auf. Visionen haben keinen wirklichen Wert. Selbst wenn sie von Dauer wären, könnten sie nicht befriedigen.

„Uma wünschte sich sehnlichst, *Siva* in Seinem wahren Wesen zu erkennen. So vollzog sie *tapas*. In ihrer Meditation sah sie ein strahlendes Licht und dachte: ‚Dies kann nicht *Siva* sein, denn es ist nicht größer als der Umfang meiner Vision. Ich bin größer als dieses Licht.‘ Sie nahm ihr *tapas* wieder auf. Die Gedanken verschwanden, es herrschte Schweigen. Da erkannte sie, daß *Sivas* wahre Natur ‚Sein‘ ist.

„... Man kann nicht Gott schauen und trotzdem die eigene Individualität zurückbehalten. Da gibt es weder den Erkennenden, noch die Erkenntnis, noch das Erkannte. Alles geht in dem Einen Höchsten auf.“ (Ramana Maharshi: Gespräche, 8.Februar 1937)

Und der englische Dichter Shelly sang:

„In der Tiefe des menschlichen Geistes
    thront ein göttlich’ Bild, so unendlich schön,
daß alle unruhigen Gedanken, die in seine Nähe kommen,
    es kniend anbeten. Dabei erzittern sie und spiegeln
den Glanz seiner Gegenwart, aufdaß sein Licht
    ihre traumhafte Struktur durchdringt,
bis sie ganz erfüllt sind
    von der Kraft der Flamme.“

Treffender noch sagen es die Sufi-Dichter Rumi und Al Halladj:

„Mit Deiner süßen Seele hat meine Seele
    sich vermischt, wie Wasser mit dem Weine.
Wer kann Wasser von dem Wein nun scheiden
    oder mich und Dich wenn wir vereint?
Du bist mein größ'res Selbst geworden,
    enge Bande können mich nicht mehr begrenzen.
Du hast mein Wesen angenommen,
    wie sollt' ich nun nicht annehmen das Deine?
Du hast mir für ewig zugesagt,
    daß ich Dich für immer als mein Eigen wisse;
Deine Liebe hat mich durch und durch durchdrungen,
    ich schaudere bis in Mark und Bein hinein;
Ich ruhe als Flöte an Deinen Lippen,
    als Laute liege ich an Deiner Brust;
Atme tief in mich, daß ich ertöne;
    schlage meine Saiten, und leuchten sollen meine Tränen."
        (Maulana Dschelal'uddin Rumi)

„Die Taufe ist das Farbfaß „Er",
    in Ihm gibt eine Farbe es nur mehr.
Wer in dieses Faß fiel – sprich: „Erhebe dich!"
    der ruft voll Freude: „Laß – das Faß bin ich!.

„Ich bin das Faß „ heißt: „Ich bin Gott" zu sagen –
    das Eisen wird des Feuers Farbe tragen.
In Feuersfarbe stirbt des Eisens Farb',
    vom Feuer spricht es, bis dein Wort erstarb.

Ist es von Röte gleich wie Gold durchdrungen:
    „Ich bin das Feuer!" ruft es ohne Zungen.
Von Feuers Art und Farbe, hochgemut,
    so spricht es „Ich bin Feuer, bin die Glut!

Ja, ich bin Feuer – zweifelst du daran,
　　versuch es und rühre mich nur an!
Ja ich bin Feuer – glaubst du es mir nicht,
　　so leg doch dein Gesicht auf mein Gesicht!"

Was Glut, was Eisen! Schließ die Lippen zu;
　　lach nicht wie einer, der vergleicht, o du!"
　　　　　　(Maulana Dschelal'uddin Rumi)

„Dein Geist hat sich vermischt mit meinem
　　wie Moschus mit dem Ambra, dem duftend reinen;
Was Dich berührt, muß auch mich berühren,
　　so bist Du ich – ein ungetrennt Vereinen.

Es hat mein Geist vermischt sich mit dem Deinen,
　　wie Wein vermischt mit klarem Wasser sich.
Wenn etwas Dich berührt, rührt es auch mich gleich an,
　　Denn immer bist und überall Du ich.

Ich bin der geworden, den ich liebe,
　　und den ich lieb', ist ich,
zwei Seelen, doch in einem Leibe.
　　Und wenn du mich siehst, siehst du uns beide!"
　　　　　　(Al Hallaj)

8. 1 Ein Modell des Höheren Selbst

Von höchster Anschaulichkeit und geradezu ikonographischer Entsprechung ist das vor ein paar Jahrzehnten von Mark und Elizabeth Clare Prophet eingeführte (dreigliedrige) Modell des Höheren Selbst (Abbildung 3). Dieses ist eine symbolische Darstellung der vier Welten, die die ganze Höhe und Tiefe der Schöpfung von der Zentralsonne als Kristallisation des Logos in Azilut, d. i. der reinen Lichtwelt Gottes, bis hinunter zu Assia, der physischen Welt, darstellt, worin nun entsprechend die diversen Glieder des fein- und grobstofflichen Menschen gebettet sind. Das eigentliche Modell des Menschen selbst besteht aus drei jeweils in sich geschlossenen und über eine zentrale Achse oder feinstoffliche Schnur miteinander verbundenen Personen, die darin alle Seinsebenen des Menschen – von seinem physischen Leib (Guf) bis hinauf zu seiner göttlichen Monade – umfassen.

Die obere höchst subtile Figur repräsentiert dabei das rein göttliche Selbst, die zur Person entfaltete Monade oder Jechidah, die individualisierte Gottheit oder ICH-BIN-Gegenwart. Wir können sie auch einen Strahl von JHWH, ein Licht des Heiligen Gral oder des Vaters nennen. Das ist unser ewiger, göttlicher Kern und wahres Selbst, das von den Indern „Atman" genannt wird. Dieses ist als transparente Figur dargestellt, deren Haupt sich aus einem Punkt entfaltet, der seinerseits seinen Sitz im Zentrum der Zentralsonne, Hiranyagarbha, hat, der aber die gesamte überräumliche Weite und Fülle des göttlichen Nous und Logos in sich umfaßt. Als Manifestation der Weltseele bildet sie den Ursprung und die Wurzel des Universums und umfaßt in sich alle lebenden Wesen und geschaffenen Dinge. Dieser Punkt (das Bindu des Shaivismus) ist ein Bild des Logos und bildet das eigentliche und wahre Ich des Menschen. Er bildet die Mitte und das Zentrum aller Wesen und Dinge und diese ist umgekehrt der Ursprung, Grund und die obere Wurzel (der erste Logos) einer jeden Seele, eines jeden Geistwesens, jedes Engels und jeder Gottheit.

Von ihr hat Meister Eckhart gesprochen, wenn er sagt: „In Gott haben alle Wesen und Dinge – von der Mücke bis zum Engel – ein Urbild und dieses Urbild ist Gott." Wir nennen diesen obersten Aspekt auch den Vateraspekt unserer selbst, denn er bildet den rein göttlichen, ewig vollendeten und vollkommenen Grund unseres Seins und Wesens.

Die Alten haben die Schöpfung in ihrer Einheit mit Gott als ihren Kern und Ursprung oft als Kreis samt dessen Mittelpunkt dargestellt. Die Weisheit Salomos sagt davon: „Das Universum ist eine Kugel, deren Mittelpunkt (Ursprung) überall (nämlich an jedem Ort, als in allen Wesen und Dingen) und deren Oberfläche (=Ausdehnung=Erscheinung) nirgends ist (sprich: die keine substantielle Realität hat)". In anderen Worten: Ursprung und Mitte der Welt liegt in je meiner Seele und ist selbst meine eigene Mitte und mein eigener Ursprung und da ist der Ursprung aller Wesen und Dinge eins und ist mein eigener Ursprung und meine eigene Mitte.

In der dargestellten Graphik ist der Vateraspekt – die Monade – durch einen weißen Punkt und eine Reihe von sieben konzentrischen Kreisen, sowie eine darin gebettete, zart angedeutete Figur dargestellt. Diese verschiedenfarbigen Kreise symbolisieren die diversen Sphären der realiter räumlich unendlich weit ausgedehnten atmischen und kausalen Welt (Azilut), die das Haus, den Tempel bzw. den „Wohnort" aller Monaden bzw. ihres gemeinsamen Selbst oder Atman bildet. Die um die Monade dargestellten sieben Farbkreise repräsentieren also den Kausalkörper des Menschen. Wie sein Name sagt, bildet er den eigentlichen ersten Grund und Ursprung, aus dem sich alle anderen Körper und Glieder des Menschen in absteigender Folge entfalten und in dem sie allesamt ihre erste Ursache haben. Das ist der Leib der ersten Ursache (Prima Causa), der die Funken (oder Samen) unseres göttlichen Potentials (= unserer göttlichen Kräfte und Fähigkeiten), d. i. unserer individuellen Berufung enthält, die den irdischen Menschen zu seiner Formung und geistigen Vollendung sowie zum Ausdruck göttlicher Empfindungen, Gefühle, Gedanken, Worte und Taten antreiben und inspirieren.

Abbildung 3: Modell des Höheren Selbst

Von unten her akkumulieren wir – soweit wir aus dem Herzen schöpfen und mit der geistigen Welt verbunden bleiben – aus den Erfahrungen des Lebens und des Handelns in der Welt jene Erkenntnisse und Kräfte, die uns wachsen und in unserem Selbstwertgefühl erstarken lassen und die wir als „Schätze des Menschen im Himmel" bezeichnen und uns nie mehr verloren gehen können. Sie sind Früchte der rechten Ausübung des freien Willens des Menschen unter der Führung des inneren Wortes (der Hegemonie des Logos) und der göttlichen Liebe in unserem Herzen.

Die zweite Figur verkörpert *Neshamah*, die Geistseele (platonisch: ψυχη νοητον), auch Christusselbst oder Buddhaselbst genannt. Sie bildet das mittlere Glied zwischen unserem göttlichen und irdischen Menschen und wird deshalb auch der Sohnaspekt genannt, denn der Sohn ist Erbe und Abbild des Vaters auf einer tieferen Ebene. Neshamah oder das Christusselbst ist jene Instanz in uns, wo sich die im konkreten Leben gewonnenen Erfahrungen energetisch kristallisieren und von da in den unteren Menschen einziehen, um sich in und durch ihn manifestieren und ausdrücken zu können. In der Kabbalah wird der innere Ort dieser Akkumulation *Daat* (Erkenntnis) genannt. Aus dieser höheren Instanz empfängt der irdische Mensch auch die vitalen und geistigen Impulse sowie die Inspirationen und Antriebe seines höheren atmischen Selbst und der geistigen Welt, die ihn beleben und auf seinem inneren Weg geleiten. Neshamah ist der Sitz der Individualität, die ihrerseits ein Abbild der Monade und der Sitz des individuellen Geistes und damit auch des Wahrnehmens, des Urteilsvermögens und des Entscheidens ist (die dritte Instanz).

Die mittlere Person bildet somit das Bindeglied zwischen göttlichem Kern und inkarnierter Seele und wird als Christusselbst oder Buddhanatur bezeichnet. Es entspricht dem Höheren Mentalkörper (der Vernunft, Buddhi) und überstrahlt oder überschattet das niedere Selbst bzw. unseren Astral- oder Emotionalkörper (*Nefesh*). Diese Instanz wird auch als „Innerer Meister", Innere Stimme, Inneres Wort oder Stimme Gottes bezeichnet. Durch sie empfangen wir Führung auf unserem Weg.

Die dritte Figur versinnbildlichet die individuelle Seele mitsamt den Aurakörpern des inkarnierten Menschen. Sie ist die Gestaltwerdung der Seele samt den vier niederen Elementarkörpern, die sich diesen physischen Leib geformt und gebildet hat, um darin ihren Erdenweg zu gehen, ihr in ihr angelegtes geistiges Potential zu entwickeln, um schließlich – von allen groben Elementen geläutert – in einem Akt der Transfiguration in das Christuslicht aufzusteigen und mit ihm zu verschmelzen. Diese vier Körper korrespondieren ihrer Substantialität nach mit den vier Elementen Erde, Wasser, Luft und Feuer und bilden den physischen, den astralen, den ätherischen und den niederen Mentalleib des Menschen – die wir von der Kabbalah her auch unter den hebräischen Namen *Ruach*, *Nefesh*, *Zelim* und *Guf* kennen. Wir können diese auch als Gedankenleib, Emotionskörper, Energiekörper und physischen Körper bezeichnen. Diese vier Körper bilden gleichsam das irdische und feinstoffliche Gewand, in das die Seele in ihrer Inkarnation gekleidet ist. Diese vier Körper oder Hüllen (Sanskrit: Koshas) werden in der indischen Tradition als Anadamaya-Kosha, Jnanamaya-Kosha, Pranamaya-Kosha und Annamaya-Kosha genannt. In ihrer Gesamtheit bilden sie das Gefährt und Vehikel, durch das sich die Seele in dieser Welt offenbart und ausdrückt und in dem sie den Weg ihrer Verwirklichung und der Rückkehr in ihren Ursprung antritt. Auf diesem Weg ist es von zentraler Bedeutung die einzelnen Körper zu reinigen und für das innere Licht und Leben transparent zu machen, was heute als Lichtkörperprozeß bezeichnet wird. Dieser Lichtkörper bildet die energetische Manifestation des inneren Aufstiegs unseres Bewußtseins in das Licht Gottes, den wir in seiner Vollendung als „Erleuchtung" oder Gottverwirklichung bezeichnen.

Die drei Personen entsprechen der Trinität von Vater, Sohn und Heiligem Geist und bilden gleichsam das Medium in dem sich die in der Evolution befindliche inkarnierte Seele auf ihren Weg gemacht hat, um sich zu finden und ihr geistiges Potential zu verwirklichen. Hierbei ist der physische Leib ihr Tempel und das Vehikel ihres konkreten Lebens und Handelns in der Welt. Die untere Person, die den Begierden- und Mentalleib und damit den sterblichen Aspekt des Selbst bildet, wird erst nach fortgeschrittener Läuterung, in einem Akt der Verklärung, in den unvergänglichen Verklärungs- oder Lichtleib verwandelt, in dem sie fortan als göttlicher Kanal das Licht des Geistes ausgießt und verströmt. Dieser Aufstieg ist ein Prozeß, in dem die niedere Seele – nachdem sie ihr Karma aufgelöst und ihre göttliche Bestimmung (ihren Seelenplan) verwirklicht hat – zuerst mit dem Christuslicht und schließlich mit der lebendigen Flamme der ICH BIN DER ICH BIN-Gegenwart verschmilzt. Erst da, wo diese Auffahrt erfolgt, hat die Seele ihre göttliche Ursprungsqualität, die sie von Anfang an mitgebracht hat, verwirklicht, so daß sie sich endgültig mit der Monade, die ihre Wurzel im Geiste ist, vereinigt und nun auf ewig im Herzen der Gottheit verankert bleibt.

Dieses Diagramm ist somit ein Bild des individuellen Selbst, worin die untere Person den Menschen und die Menschheit in ihrem Entwicklungsgang durch die Materie darstellt. Wenn wir unseren inneren Menschen im Bild dieses Diagramms visualisieren, können wir imaginieren, wie wir durch Invokation der ICH-BIN Gegenwart die violette Flamme aus dem Herzen Gottes auf uns herabrufen und darin stehend von ihr in unseren vier Körpern von allen Schlacken und Schatten gereinigt, unsere Seele zur chymischen Hochzeit, d.i. ihrer Einung mit dem reinen universellen Geist oder ICH-BIN Bewußtsein bereiten. Die untere Person, die in einer Aura des Lichtes dargestellt ist, wird als Antwort unserer Anrufung von jener violetten Flamme umfaßt, gereinigt, verklärt und umhüllt und damit bei gleichzeitiger Unterstützung durch die Wesenheiten des Lichtes durch einen tiefgreifenden Prozeß emotionaler Heilung, Reinigung und Transformation geführt.

Die drei Personen unseres inneren Menschen stehen in einem analogen Verhältnis der abbildlichen Entsprechung zueinander. Für sie gilt der hermetische Grundsatz: „Wie oben so unten" bzw.: „Das was unten ist, ist wie das was oben ist und das was oben ist, ist wie das, was unten ist, um das Wunder des Einen zu vollenden." Darin ist die Ganzheit des Menschen in seiner dreigliedrigen Natur angesprochen. Ein Glied braucht das andere, um uns in unserem Menschsein zu vollenden und zur Verwirklichung unserer Gottähnlichkeit zu führen. Darin liegt auch die Bedeutung der Gottgeburt in unserer Seele, die Jesus dem Nikodemus erläutert: „Wer nicht von oben her geboren ist, kann das Reich Gottes nicht schauen und nicht in es eingehen. Was aus dem Fleische geboren ist, ist Fleisch; Was aus dem Geiste geboren ist, ist Geist." Wir müssen von oben herab – aus der Empfängnis des Geistes Gottes neu geboren werden, um Anteil am Reich Gottes und der ewigen Verankerung in der reinen Glückseligkeit des Seins zu gewinnen. Unsere niedere Natur will so tief geläutert und gereinigt sein, daß die in uns wohnende Fülle göttlicher Vollkommenheiten erweckt, in unserem Herz lebendig wird, und die niederen Anteile unserer Seele in seinem Lichte verklärt und zu ihrem Ursprung zurück erhoben werden.

Die dreifältige Flamme ist ein Funke des Ewigen, der aus dem ICH-BIN Bewußtsein durch das Christusselbst nach unten projiziert und in der ätherischen Substanz des Herzzentrums (Anahata Chakra) verankert ist, um darin die Entwicklung der Seele in der Materie voranzutreiben. Sie ist ein Ausdruck des Wirkens des Logos in uns und unser Hegemonikon. Auch Christuslicht oder –flamme genannt, bildet sie den Funken der eingeborenen Göttlichkeit des Menschen, das verborgene Potential des vergängliches Selbst, sich zur Gottheit zu erheben.

Die Kristallschnur ist ein Strom des Lichtes, der vom Herzen der ICH-BIN-Gegenwart durch das Christusselbst zur niederen Natur herabsteigt, um da die vier Körper als Vehikel der Seele zu beleben und ihr zu ermöglichen, sich in Raum und Zeit gemäß ihres inneren Planes auszudrücken und zu entfalten. Es ist über und durch diese „Schnur", durch die das Licht oder Qi des ICH-BIN-Bewußtseins des Menschen über das Scheitelzentrum (Sahasrara Chakra oder Brahmarandra) in das Herz einströmt und von da aus die ganze Seele durchflutet und mit ewig neuer Energie versorgt, daß die dreifältige Flamme am Pulsieren und unser physisches Herz am Schlagen bleibt. Wenn eine Seele eine Runde ihrer Inkarnation vollendet und abgeschlossen hat, zieht die ICH-BIN Gegenwart des Geistes die dreifältige Flamme unseres Herzens auf die Ebene des Christusselbst zurück und durchtrennt diese Kristallschnur am Scheitel bzw.

im dritten Auge des Menschen, so daß sich die Seele vom Körper, in dem sie ein Leben lang inkarniert war, trennt und die vier Körper des Menschen in ihre Elemente zerfallen und von den entsprechenden Ebenen absorbiert werden. (Erde zu Erde, etc.) Die Kristallschnur bildet als Verlängerung der Shushumna den Kanal gewaltiger geistiger Kräfte und Energien, die uns befähigen, zu empfinden, zu denken, zu Erkenntnissen zu gelangen, Entscheidungen zu treffen, zu atmen, innerlich zu wachsen, mit einem Wort uns als lebendige und stetig reifende und sich entfaltende Seele zu erfahren. Die Kristall- oder Silberschnur erhält das Feuer des Lebens in der Kammer unseres Herzens und bildet die Straße des Auf- und Abstiegs unseres Bewußtseins. Von ihr hieß es in der Schrift: „Ebne die Wege des Herrn und macht das Krumme gerade."

Die Taube über dem Haupt der Christusperson symbolisiert die beständige Herabkunft der Lebenskraft (Qi; Prana) sowie des Heiligen Geistes aus dem Herzen des Vaters auf den Menschensohn, d. i. in unsere Seele und unseren Leib. Wenn der Mensch – so wie Jeshua – das Christusbewußtsein erlangt hat, dann steigt dieser Geist aus der Höhe auf den Menschen herab und erfüllt ihn mit den Gaben des Vaters – d. s. die der Seele immanenten Keime geistigen Lebens. Das ist das Symbol der Feuertaufe, wo die Stimme des Vaters am Jordan ertönt und spricht: „Dies ist mein geliebter Sohn, an dem Ich Wohlgefallen habe." Die niedere Natur des Menschen, wird – wenn gereinigt und transparent geworden – im Lichte des Vaters erleuchtet, vom Geist gesalbt und schließlich in seiner Glorie verklärt, was nichts anders bedeutet, als daß sie mit den höheren Wesensgliedern des Menschen verschmolzen wird.

Der Weg des Menschen stellt sich in diesem Modell als Aufstieg zum Ursprung dar. Und dafür haben wir in den Überlieferungen der abendländischen spirituellen Traditionen allerlei Bilder und Gleichnisse, die oftmals als Aufstieg auf einen heiligen Berg oder geistige Entrückung dargestellt werden. So haben wir den Aufstieg des Moses auf den Horeb, den Aufstieg Jeshuas auf den Har Tavor oder den Ölberg oder den Aufstieg des Johannes vom Kreuz auf den Carmel.

Sie versinnbildlichen jeweils zwei verschiedene Stufen dieses Aufstieges:

Die erste ist die Verklärung: Das ist der Aufstieg zum Christus-Bewußtsein; dieser beinhaltet den Abschluß des Vollzugs der Auflösung des Karmas, die Chymische Hochzeit und die Verschmelzung mit dem Christusselbst.

Das Wort: „Werdet vollkommen, wie euer Vater im Himmel vollkommen ist!" gewinnt hier einen neuen Sinn. Es bildet gleichsam den Imperativ unseres geistigen Lebens und Strebens und folgt dem Prinzip, daß „Alles Geschaffene seiner Idee nach mehr es selbst ist, als nach seiner Erscheinung"! Das gilt ja insbesondere für den Menschen als Abbild der Gottheit, die er als Inbild in seiner Seele trägt und die er zu verwirklichen sucht. Alles Leben und geistige Streben ist demnach Verähnlichung unserer individuellen Seele (und unseres Geistes) mit Gott, Imitatio Dei, nach dem uns eingeborenen Bild, unserer Christusnatur.

Die zweite Etappe ist die Himmelfahrt: Sie folgt der Vollendung unseres Erdenweges in der Erlangung der Vollkommenheit Gottes und vollzieht sich im letztendlichen irreversiblen Aufstieg und Aufgehen unserer Seele in Gott als dem absoluten Geist.

Überlieferte Bilder dieses Aufstiegs finden wir im Bild der Himmelfahrt Henochs, des Elias oder Christi am Ölberg. Es ist der Aufstieg und das Aufgehen der individuellen Seele und Gesamtperson zur bzw. in die göttliche ICH-BIN Gegenwart, die endgültige Einung mit Gott, die unaufhebbare Unio Mystica. Dieser große Akt wird auch als Hochzeit von Himmel und Erde bezeichnet. In und mit ihr hat der Mensch das ihm eingeborene Urbild, jene transzendentale Idee, jenes ατομος ειδος, nach dem er gebildet und aus dem er hervorgegangen ist, hier auf Erden, also auf der Bühne von Raum und Zeit soweit verwirklicht, daß er fortan selbst ganz zu einem Gott geworden ist. Jeshua hat diesen Prozeß vor seiner Auffahrt in seinem letzten, dem hohepriesterlichen Gebet im Kreise seiner Jünger erhellend zum Ausdruck gebracht: „Vater, ich habe Dich verherrlicht hier auf Erden. ... Jetzt verherrliche Du mich, Vater, bei Dir selbst mit der Herrlichkeit, *die ich bei Dir hatte vor Grundlegung der Welt.*" (Joh. 17. 4 – 5) Das ist die Parusie des Individuums. Von da an ist der Mensch mehr Gott als Mensch und mehr Transzendenz als Immanenz. Mögen wir ihm auf diesem Weg folgen.

9. Anhang: Die Seele bei Meister Eckhart

Ich möchte dieses Kapitel nun mit Worten von Meister Eckhart zum Thema „Seele", wie sie von A. Lasson ausgewählt und zu einem geschlossenen Bild zusammengestellt wurden, beschließen. Die in Klammern gesetzten Zahlen verweisen dabei auf den jeweiligen Text, dem das Zitat entnommen ist. Da heißt es:

Die Kenntnis des Wesens der Seele ist der tiefste Grund und das einheitliche Prinzip aller Erkenntnis. Aller Anfang von Weisheit ist die Selbsterkenntnis. Kennte ich mich selber, wie ich sollte, meint er, so hätte ich die tiefste Erkenntnis aller Kreaturen (468, 20, 382, 80).
Niemand kann Gott erkennen, der nicht zuerst sich selbst erkennt. Es ist derselbe Weg der Abstreifung des Endlichen und Kreatürlichen, der zur Selbsterkenntnis wie zur Erkenntnis Gottes führt. (459, 25. 155, 21). In dem Wesen der Seele können wir Gott sehen und erkennen, und je mehr ein Mensch in diesem Leben dem Wesen der Seele mit seiner Erkenntnis nahe kommt, desto näher ist er auch der Erkenntnis Gottes. In dir selber liegt und wohnt die Wahrheit. Niemand findet sie, der sie in äußeren Dingen sucht. Gott finde ich am sichersten in meinem Innern (617, 31, 12, 30).
Alles was erkannt werden soll, muß vermittelst der von den Objekten abstrahierten Attribute und Bilder erkannt werden. Solche Bilder aber hat die Seele nur von äußeren Dingen, nicht von sich selbst. Darum kennt sie alle anderen Dinge, nur sich selber nicht. Von keinem Dinge weiß sie weniger als von sich selbst jener Vermittlung wegen (5, 18), Die Seele ist daher etwas Unaussprechliches, Unbegreifliches wie Gott (89, 23).

Die Seele ist unaussprechlich und unbegreiflich wie Gott; Was die Seele in ihrem Grunde sei, ist noch nie erkannt worden (89, 23; 236, 8; 305, 1). Nirgends ist Gott so eigentlich als in der Seele.

9. 1 Die Seele und ihre Kräfte

Die Seele ist geschaffen und hat einen zeitlichen Anfang; aber sie ist an sich ohne Materie und über die Zeit erhaben, wie das ihre Tätigkeiten beweisen (631, 6; 671, 37; 509, 23; 412, 25).

Die Seele ... ist schlechthin einfach; sie enthält wohl das Prinzip und die Wurzeln ihrer Tätigkeiten, aber sie übt sie nicht wirklich (264, 15).

Die Seele ist nach ihren obersten Funktionen Geist, nach den niedrigsten Seele, und so ist eine Grenzscheide zwischen Seele und Geist in dem einigen Wesen (397, 31). Geist heißt die Seele, wenn sie über alles Kreatürliche erhaben ist (121, 8), wenn sie des Leibes und aller einzelnen durch den Leib vermittelten Wirkungen vergessen hat und in sich gesammelt ist (7, 15). Die Seele als beseelende Form des Leibes ist der Veränderung zugänglich. ... Die Seele aber hat das Vermögen, daß die Formen aller Dinge ihr eingeprägt werden (90, 24).

Die Seele ist edler als alle körperlichen Dinge. Sie ist geschaffen gewissermaßen in einem mittleren Orte zwischen Zeit und Ewigkeit, die sie beide berührt. Mit ihren obersten Kräften berührt sie die Ewigkeit, mit den niedrigsten die Zeit. So wirkt sie in aller Zeit und doch nicht zeitlich, sondern in der Form der Ewigkeit ...

Die Seele ist eine einfache Kraft, die das Leben in alle Glieder leitet durch die innige Vereinigung, in welcher sie mit dem Leibe steht. Nur die Seele ist das eigentlich Vernünftige und Wirkende; doch erst Leib und Seele zusammen machen den Menschen aus. Eben wegen dieser innigen Vereinigung ist die Seele in dem geringsten Gliede ebenso vollständig vorhanden wie in dem ganzen Leibe überhaupt (95, 23).

2. In allem ihrem endlichen Wirken ist die Seele an gewisse Organe gebunden, und das im Grunde einheitliche Wesen der Seele

äußert sich in mehrfachen und verschiedenen Wirkungsweisen, welche Seelenkräfte genannt werden. Die Kräfte sind nicht das Wesen der Seele, sondern eine Entäußerung derselben (623, 6). ... Alles was die Seele wirkt das wirkt sie mit den Kräften. Sie versteht mit der Vernunft, erinnert sich mit dem Gedächtnis, liebt mit dem Willen; das alles wirkt sie mit den Kräften, nicht mit ihrem Wesen. Alle ihre Tätigkeit haftet an einem Organ, die Kraft des Sehens z. B. an den Augen, und so ist es auch mit den anderen Sinnen. In dem Wesen hört deshalb alle Wirksamkeit auf, weil dort alle Kräfte schweigen. ... (Das entspricht den Tattvas der Manifestation!)

3. So ist die Seele ein Mittleres zwischen Gott und Kreatur (395, 1), einesteils dem Ewigen, andernteils dem Vergänglichen zugewandt. ... Die Seele hat gewissermaßen ein doppeltes Antlitz, das eine dieser Welt und dem Leibe zugekehrt, welchen sie zu mancherlei Fertigkeit befähigt, das andere gerade auf Gott gerichtet. Da wirkt unablässig Gott mit seinem Lichte in ihr, aber ihr unbewußt, so lange sie nicht bei sich selber ist (110, 21; 250, 36; 59, 4; 488, 31).

...

(Die Vernunft trennt Zeitlichkeit und Körperlichkeit von den Dingen ab (228, 36). Die Seele ist der Ort aller Dinge; aber sie selber ist ohne Ort (515, 88).

Hinter dem Scheine des Mannigfaltigen, Sinnlichen, Materiellen liegt als das Wesen nur die Idee oder das Eidos selber, das die Vernunft erfaßt. Die Form, unter der wir erkennen, ist als intelligible Anlage dem Geiste von vorn herein eingeboren und gehört zu seiner ursprünglichen Ausstattung, die durch die Wahrnehmung äußerer Dinge nur solicitiert und zur Tätigkeit erweckt wird.

9. 2 Die Seele in ihrem Wesen

Den Prozeß, den sie im sinnlichen Wahrnehmen und im reflektierenden Denken beginnt, muß sie, getrieben durch die innere Notwendigkeit ihrer vernünftigen Anlage, fortsetzen bis ans Ende. Mit unaufhaltsamem Drange strebt sie danach, den obersten, allgemeinsten, schlechthin einfachen Begriff zu erfassen; dieses Einfache ist somit von vorn herein in ihr als ihre Anlage, ihre wesentliche Form, zu der sie nur wieder zurückzukehren hat. In ihrem Grunde ist somit die Seele jenes Allgemeinste selber; dies aber ist das Absolute und mit anderem Ausdruck Gott. Die Seele in ihrem Wesen ist Gott, und in aller Verhüllung und Entstellung bleibt sie allezeit wesentlich Gott.

Die Seele wird selbst das Absolute (Gott), indem sie das Absolute erkennt (380, 3; 157, 10).

Alles Sinnliche hat nur die Bedeutung einer Erweckung oder Invokation der Wirklichkeit der Ideen im Bewußtsein und fördert die Seele in bestimmter Weise im Akt der Erkenntnis und des Aufstiegs zum Wesen selbst. Das Wesen der Dinge ist in der sinnfälligen Erfahrung in Farbe, Ton und Körperlichkeit gleichsam verhüllt. Es ist die Funktion der Sinne, durch welche die Seele erweckt und die in ihr schlummernde natürliche Anlage zu Erkenntnis und Aufstieg hervorgerufen wird (191, 5). Solange die Seele im reinen Lichte der Vernunft verharrt, so hat sie keinerlei Beziehung zum Materiellen und keinerlei Empfänglichkeit für dasselbe (182, 80; 229,1; 304, 8).

Alles was erkannt werden soll, muß vermittelst der von den Objekten abstrahierten Attribute und Bilder erkannt werden. Solche Bilder aber hat die Seele nur von äußeren Dingen, nicht von sich selbst. Darum kennt sie alle anderen Dinge, nur sich selber nicht. Von keinem Dinge weiß sie weniger als von sich selbst jener Vermittlung wegen (5, 18), Die Seele ist daher etwas Unaussprechliches, Unbegreifliches wie Gott (89, 23).

Von der Seele gilt es, daß sie … in ihrem Wesen die Wahrheit selber ist und daß die endliche Menschenseele zu keiner Ruhe gelangen kann, ehe sie alles sie Entstellende abgestreift, ihre wahre Form wiedererreicht hat und zum Besitze des höchsten Gutes gelangt ist.

2. Als diejenigen Kräfte, welche die Seele zum Absoluten emporheben, sind besonders Vernunft und Wille ins Auge zu fassen.

Es gibt (aber) eine Vernunft in höherem Sinne, welche die letzte Einheit der Seele bildet, die Einheit, aus welcher Vernunft und Wille als besondere und unterschiedene Seelenkräfte ihren Ursprung nehmen. Diese Vernunft hat das Absolute und keinen andern Inhalt; sie ist das Absolute selber, nichts Besonderes mehr, sondern in sich beharrende Totalität.

Unsere Seligkeit liegt nicht daran, daß Gott in uns ist; - denn das ist er in allen Kreaturen, aber sie wissen es nicht und sind deshalb auch nicht selig; - sondern daran, daß wir erkennen und wissen, wie nahe uns Gott ist (220, 35). Daran liegt meine Seligkeit, daß Gott vernünftig ist und ich das erkenne (270, 40). Der Kern des ersten Begriffes und der ewigen Seligkeit liegt in der Erkenntnis. ... Die Erkenntnis führt und erleuchtet den Willen und geht seiner Äußerung, der Liebe, voran (98, 27); Man kann Gott nicht lieben, ohne daß man ihn zuvor erkannt hat (273, 37). Erkenntnis ist eine Grundfeste und ein Fundament alles Wesens. Liebe kann nur an der Erkenntnis haften (84, 18).

Für Vernunft im Sinne der höchsten Seeleneinheit, die über aller Diremtion der Kräfte hinaus liegt, gebraucht Eckhart meistens den Ausdruck: der „Grund" oder das „Fünklein" der Seele.

Die Seligkeit liegt weder in Vernunft noch in Willen, sondern über beiden (956, 12). Alles was die Begehrung begehren, die Vernunft begreifen kann, ist nicht Gott. Wo Vernunft und Begehrung enden, da leuchtet Gott (257, 4). Die besten Meister lehren, Heiligkeit liege in dem Grunde, in dem höchsten Gipfel der Seele, wo sie über alle Namen und über ihre eigenen Kräfte hinausragt (623, 3). In diesem Grunde der Seele ist Gedächtnis, Vernunft und Wille eins ohne Unterschied (251, 2, 12; 228, 9).

Diese oberste Vernunft ist das ursprüngliche Wesen und das Ziel aller Entwicklung der Seele. Alle Kräfte der Seele sind Knechte dieser Vernunft, um sie über die niedrigen Dinge zu erheben und ihr emporzuhelfen in den „Ursprung". Steht nun aber die Seele vor ihrem Ursprung, so bleiben alle Kräfte draußen, und sie steht da nackt und namenlos, aller Bestimmung entkleidet (469, 36). Dieser oberste Teil der Seele ist über die Zeit erhaben und weiß so wenig von der Zeit als von dem Leibe. Vergangenheit, Gegenwart und Zukunft ist da eins. In der Ewigkeit gibt es weder ein Gestern noch ein Morgen; da ist nur ein ewig gegenwärtiges Jetzt.

Ebenso ist es mit dem Raum. Was jenseits des Meeres ist, ist der Seele ebenso gegenwärtig wie das, was hier zur Stelle ist.

(Es ist Länge ohne Länge und Breite ohne Breite; alle Zeit heißt über Zeit, wo es weder ein Hier noch ein Jetzt gibt. Alles Denken geschieht unter der Kategorie der Zeit. Das wahre Erkennen dagegen schaut in einem ewigen Nu. Etwas Besonderes sein oder haben heißt nicht alles sein oder haben; scheide alle Besonderheit ab, so bist du alles. Nichts hindert darum die Seele so sehr an der Erkenntnis Gottes als Zeit und Ort.)

Zeit und Ort sind Teile, und Gott ist eins. Darum, soll die Seele Gott erkennen, so muß sie ihn über Zeit und Raum erkennen. Denn Gott ist weder dies noch das wie diese mannigfaltigen Dinge: Gott ist eins (57, 23; 297, 23; 156, 20; 142, 38; 98, 18; 60, 4; 105, 18; 121, 35; 162, 8; 222, 24). So erfaßt diese Kraft alle Dinge in ihrer Wahrheit, nichts ist ihr verhüllt, auch Gott selber nicht in seinem ureigensten reinen Wesen (297, 23, 34).

In der Seele oberster Kraft, welche mit göttlicher Natur verwandt ist (63, 29), leuchtet Gott unverhüllt. In sie dringt nichts als Gott ein und sie ist ohne Aufhören in Gott. Mittelst ihrer erfaßt der Mensch die Dinge nicht als Dinge, sondern wie sie in Gott sind; in dieser Kraft sind alle Dinge gleich. Ihre Materie ist abgetan, nichts als das Schöne und Liebliche an ihnen bleibt da übrig (199, 25). Diese Kraft ist ein Licht, welches nie erlischt.

Lust und Leid berührt nur die niederen Kräfte; der Funke, ein Licht göttlicher Gleichheit, bleibt alle Zeit Gott zugewandt und scheidet sich nie von ihm; er scheidet unausgesetzt alles Nichtgöttliche aus. Er ist nicht eine besondere Kraft; er ist namenlos, ohne Eigenschaft, weder dies noch das, weder hier noch da, und teilt die Natur des Absoluten (79, 6; 113, 33). Was das Fünklein ist, ist es durch einen anderen, durch Gott, und ist mit diesem eins. Die Einheit fließt in dasselbe und es fließt in die Einheit zurück. Hier empfängt die Seele all ihr Leben und Wesen. Nur dies ist ganz in Gott, alles andere bleibt draußen (306, 8).

Von Gott geschaffen heißt das Fünklein auch sonst (581, 23; 113, 34; 412, 30). Aber da es mit Gott wesentlich eins ist, so nennt Eckhart es auch ungeschaffen und ungeschöpflich (193, 16; 286, 17). Wo die Seele ihr natürliches geschaffenes Wesen hat, da ist keine Wahrheit. Es ist aber etwas über der geschaffenen Natur der Seele. … Es ist ein einzig Eines in sich selber, welches auf nichts außer sich selber bezogen ist (234, 34).

Diese oberste Kraft ist durchaus ohne Äußerung und übt keine Funktion; sie ist ein Bild Gottes, und doch nicht selber ein Bild, sondern ein Prinzip oder Vermögen, der Seele reines Bild darzustellen und zu erhöhen, und in diesem Darstellen bleibt sie ohne Bild, in diesem Erhöhen umfaßt sie alle Bilder und die Bilder aller Bilder. Da ist die Seele in ihrem steten Fortschreiten doch von jeder bestimmten Form des Wirkens frei, und darum sollte sie rein in sich verharren. (WuWei)

Das Fünklein ist von allen Namen frei, von allen Formen bloß; Vernunft und Liebe können nicht hineindringen, Kraft und Besonderheit bleiben draußen, ja Gott selber, soweit er persönliche Besonderheit an sich trägt, kann nicht dahinein kommen (46, 3).

Der Funke oder Seelengrund hat keinen Namen, weil er keine Besonderheit hat; … Eckhart bezeichnet den Funken auch als Geist der Seele (255, 20), als den innersten Menschen, der alles in der Form der Ewigkeit schaut (180, 82), im Gegensatz zum äußeren Menschen, der bei der Kreatur stehen bleibt.

9. 3 Der Mensch

Die Seele ist ihrer Anlage nach absolute Totalität. Vergleicht man den Engel mit der Seele in ihrem erfahrungsmäßigen Zustand, so steht sein rein geistiges Wesen weit über ihr; vergleicht man ihn mit dem, was die Seele zu sein befähigt und bestimmt ist, was sie unverlierbar immer an sich ist, so ist die Seele gar nicht mit dem Engel, sondern allein mit Gott selber zu vergleichen.

Als Gott alle Kreaturen schuf, da waren sie so niedrig und so eng, daß Gott sich nicht in ihnen bewegen konnte. Da machte er sich die

Seele so gleich und so angemessen, daß er sich der Seele mitteilen könnte (136, 84). Er hat sie geschaffen nach der höchsten Vollkommenheit und ihr all seine Klarheit in ursprünglicher Lauterkeit eingeflößt (286, 13). Gott hat nichts geschaffen, was ihm gleich wäre, als allein die Seele. Wie man Gott keine Gestalt beilegen kann, so auch nicht der Seele, und wie Gott unsterblich ist, so hat er auch der Seele Unsterblichkeit verliehen (994, 10). ... Gott ist in der Seele mit seiner Natur, seinem Wesen und seiner Gottheit, und doch ist er nicht die Seele (180, 39).

Die Seele ist nicht geschaffen wie die andern Dinge in beliebiger Form, sondern in Gott, und als Gottes Bild. (179, 25). Darum ist sie die edelste Kreatur, die Gott je gedacht hat. Denn Gott griff zwischen die Gottheit und die göttliche Natur in sein ewiges Wesen und machte die Seele von Nichts. Und wenn man frägt, wie groß die Seele sei, so soll man wissen, daß ihre Größe Himmel und Erde nicht auszufüllen vermag, sondern nur Gott selber, den die Himmel aller Himmel nicht umfassen können. Darum wer die Seele messen will, der nehme Gott als Maßstab; denn der Grund Gottes und der Grund der Seele sind ein Wesen (413, 21; 467, 13). Die Seele ist unaussprechlich und unbegreiflich wie Gott; Was die Seele in ihrem Grunde sei, ist noch nie erkannt worden (89, 23; 236, 8; 305, 1). Nirgends ist Gott so eigentlich als in der Seele.

Sie ist geschaffen zwischen Zeit und Ewigkeit, und an beiden hat sie Teil (95, 24); sie ist ein Mittleres zwischen Kreatur und Gottheit (395, 1). Gott ist an keinen Ort gebunden; ebenso wenig ist es die Seele.

Die oberste Form der Seele, der Funke, entspricht der unoffenbaren Gottheit, die der Seele höchster Gegenstand ist.

Die Gottähnlichkeit eignet der Seele, sofern sie ein vernünftiges Wesen ist.

Wäre Gott der Seele fremd, er wäre ihr nicht zugänglich. Was ich sonst erkenne, erkenne ich durch Bilder in vermittelter Weise: Gott wird unmittelbar erkannt, und darum muß Gott zu meinem Ich das Du, ich zu Gottes Ich das Du sein. (139, 10).

Die Seele hat ein vernünftiges, erkennendes Wesen; darum wo Gott ist, da ist die Seele, und wo die Seele ist, da ist Gott (267, 11). Mit andern Worten: sobald Gott ist, schaut er in sich das ewige Bild der Seele. Gott ist reines Selbstbewußtsein: so ist er das Urbild der Seele.

Gott kann sich nicht verstehen ohne die Seele (582, 30). In ihrem reinen, unzeitlichen und unräumlichen, naturfreien Wesen ist die Seele unveränderlich wie Gott (318, 30). Sie hat von ihm weiter keinen Unterschied, als daß sie geschaffen und nicht ihre eigene Ursache ist (581, 23).

Was die Seele ist, das hat sie von Gott.

Das fremde Wesen, das die Seele angenommen hat, ist offenbar ihre Endlichkeit in der Form der Individualität. (Wie die Seele in diese Form gelangt, erklärt Eckhart nicht.) Woher und wie sie der Seele zukommt, bleibt ein Mysterium. Wohl können wir sagen, daß sie ihren Grund in der Welt der reinen Ideen hat, wie und warum sie aber aus ihr als geschaffenes Seiendes hervorgeht, ist und bleibt Geheimnis.

Die Seele an sich ist nicht Einzelpersönlichkeit, sondern reines universelles Bewußtsein; die Individualität ist dagegen, wenn man zum wahren Wesen der Seele gelangen will, schlechthin aufzuheben.

Die Seele hat eine ewige Präexistenz in Gott. In der grundlosen Substanz der Gottheit stand menschliche Natur unwandelbar und unverhüllt in einem überglänzenden Lichte …

(Ich, sagt Eckhart, stehe in dem Grunde der ewigen Gottheit; da wirkt Gott alle seine Werke noch ehe er Persönlichkeit gewonnen hat, aus durch mich, und alles was verstanden wird das bin ich. Gott hat alle Dinge gemacht durch mich, als ich in dem grundlosen Grunde Gottes war. Ich war da bloß und ledig aller Bestimmtheit, ungeschaffen (581-583; 182). Alles was in Gott ist, das ist Gott. Da nur mein Bild ewig in Gott gewesen ist, wie es noch ist und immer sein muß, darum ist meine Seele ewig mit Gott eins gewesen und ist Gott selber, und so finde ich mich in Gott in so hoher Weise stehen, daß ich ewiglich Gott in Gott gewesen bin (619, 13). So wird die

Seele mit dem Worte identifiziert, das ewig bei Gott war; in dem Menschen sind alle Kreaturen geschaffen (589,25). Zwischen dem Sohne Gottes und der Seele ist kein Unterschied; der Sohn ist das Urbild der Menschheit (266, 4).

… Lege ich nun ab, was mich von andern Menschen trennt, alle individuellen Unterschiede, und kehre ich zu meinem reinen Wesen zurück, so bleibt da das Wesen übrig, welches ewig in Gott gestanden hat als das Gegenbild seines Wesens, als sein Sohn (157 ff). Darum ist die Seele im Begriff Gottes mitgesetzt, und wird das ausgedehnt auf die Einzelpersönlichkeit, die ihrem Wesen nach mit jenem Urbilde zusammenfällt, so hat Gott seine Gottheit von mir. Dann erst verstehe ich mich im höchsten Sinne, wenn ich mich nicht anders verstehe, als daß ich sei das Wesen, aus dem Gott sein Wesen oder seine eigene Gottheit entnimmt (588, 37).

Ist einmal der Unterschied zwischen der Seele an sich und der individuellen Seele aus den Augen gelassen, Gott aber seiner Natur nach seelenhaft, so ist die Seele Gott selber, und ich bin der Schöpfer aller Dinge. Ja, die Seele liegt noch über Gott hinaus in dem einfachen Absoluten und sie muß sich selbst Gottes entledigen, wenn sie in ihre wahre Form gelangen soll. In der Gottheit, dem bestimmungslosen Absoluten, da war ich selber, da wollte ich mich selber und erkannte mich selber; da ward ich mein eigner Schöpfer. So bin ich mit meinem Wesen, welches ewig ist, Ursache meiner selbst nach meinem Wesen, das zeitlich ist. Indem ich entstand, entstanden alle Dinge; ich war die Ursache meiner selbst und aller Dinge, und wollte ich, ich wäre nicht und alle Dinge wären nicht. Wäre ich nicht, so wäre auch Gott nicht (283, 37).

Die Seele empfängt ihr Wesen ohne irgendeine Vermittlung von Gott. Darum ist Gott der Seele näher als sie sich selber. Darum ruht Gott im Grunde der Seele mit all seiner Gottheit. (DW I, 160f)

Literatur:

Heraklit: Fragmente

Plato: Werke (Timaios, Phaedo, Symposion)

Plotin: Enneaden I, II & III

Hans-Peter Klein (Hrsg.): Der Begriff der Seele in der Philosophie
Geschichte (Beiträge unter anderem von: Hans Schwabl:
Frühgriechische Seelenvorstellungen; Thomas Alexander
Szlesak: „Seele" bei Platon; Jens Halfwassen: Seele und Zeit
im Neoplatonismus; Karin Preisendanz: Der Begriff der See-
le in der indischen Philosophie)

Marsilio Ficino: Theologia Platonica (Platonische Theologie)

Allen, M. J. B. and Rees, V. (Hrsg.): Marsilio Ficino:
His Theology, His Philosophy, His Legacy

Dress, W.: Die Mystik des Marsilio Ficino;

Meister Eckhart: Deutsche und Lateinische Schriften
„ – „ : Deutsche Predigten und Traktate

Friedrich A. Schmid Noerr: Meister Eckhart – Vom Wunder der
Seele

Cusanus: De docta ignorantia

Jaideva Singh: Pratyabhijnahrdayam – The Secret of
Self-Recognition

Sri Karapatra Swami: Advaita Bodha Deepika – The Lamp of
Non-Dual Knowledge

Ramana Maharshi: Gespräche

Kahlil Gibran: Der Prophet

Jens Halfwassen: Aufstieg zum Einen
„ _ „ : Plotin
„ – „ : Der absolute Ursprung bei Plotin, in: Emil Angehrn
(Ed.): Anfang und Ursprung, Berlin 2007;

Elias Johannes Benedikt: Metaphysik der Herzenserkenntnis
„ – „ : Sein und Erkenntnis – Aufstieg zur Vollkommeheit,
Bd. I/Teil 1 & 2 und Bd. II

Über den Autor

Elias Johannes Benedikt, Dr. phil., geb. in Wien. Studium der Philosophie, Mathematik und theoretischen Physik an den Universitäten Wien und Stuttgart. Mehrere Jahre in Forschung und Lehre mit Schwerpunkten „Applied Theory of Dynamic Systems", Bildungs- und Raumplanung. Gleichzeitig Ausbildung in Gestaltarbeit und eidetischer Wahrnehmungsschulung bei Werner Arnet.

Beendigung der akademischen Laufbahn und – einem initiatischen Impuls folgend – Beginn der freischaffenden Beratungs- und Lehrtätigkeit.

Ab 1980 Seminar- und Vortragstätigkeit in den deutschsprachigen Ländern, Israel und Indien mit den Schwerpunkten *Jüdisch-christliche Mystik und platonische Philosophie* und *West-östliche Weisheitstraditionen*. Begleitung von Menschen in ihrer Suche nach Gott und Selbst.

Diverse Publikationen im Bereich Systemforschung, Philosophie, Spiritualität und Religion. Hauptwerke: *Die Kabbala als jüdisch-christlicher Einweihungsweg*, 2 Bde., Ansata (12. und 6. Aufl.); *Spirituality versus Religion*, Lotus Publication; Zahlreiche unveröffentlichte Vorträge und Aufsätze zur Friedens- und Bildungsarbeit, zu Ethik, Mystik und Metaphysik, platonischer Philosophie und Grenzgebieten der Wissenschaft.

1995 Gründung und Leitung eines Ashrams in Savroli bei Ganeshpuri, Maharashtra, Indien, unter dem Patronat von S. H. Swami Chidananda. Von 2003 bis 2010 weltweite Aktivität im interreligiösen und interkulturellen Dialog, insbesondere im Nahen Osten; Von 2003 bis 2009 Direktor der „Jerusalem Peace Academy". Von 2006 bis 2010 Vize-Präsident des von Prof. Ervin László gegründeten „Club of Budapest, Deutschland".

Lebt heute in den Kärntner Bergen und wirkt vorwiegend als Lehrer spiritueller Verwirklichung, reiner und angewandter Philosophie, sowie als Vermittler geistiger Heilung (www.universelle-kabbala.com, http://elias-johannes-benedikt.website/Home/).